西藏特色产业高质量发展系列研究报告

西藏高新数字产业
高质量发展研究报告

2021

U0851262

陈爱东 宋爽 ◎ 编著

西藏人民出版社

图书在版编目（CIP）数据

西藏高新数字产业高质量发展研究报告. 2021 / 陈爱东，宋爽编著.
-- 拉萨 : 西藏人民出版社，2022.8
ISBN 978-7-223-07148-2

Ⅰ. ①西… Ⅱ. ①陈… ②宋…Ⅲ. ①无污染能源－能源发展－研究报告－西藏－2021Ⅳ. ①F416.2

中国版本图书馆CIP数据核字(2022)第080953号

西藏高新数字产业高质量发展研究报告（2021）

编　　著	陈爱东　宋　爽
责任编辑	薛　涛　邓道爽
封面设计	格　次
出版发行	西藏人民出版社（拉萨市林廓北路 20 号）
印　　刷	西藏福利印刷厂
开　　本	787×960　1/16
印　　张	13.75
字　　数	183 千
版　　次	2022 年 12 月第 1 版
印　　次	2022 年 12 月第 1 次印刷
印　　数	01-1,500
书　　号	ISBN 978-7-223-07148-2
定　　价	40.00 元

《西藏特色产业高质量发展系列研究报告》

编 委 会

总　序

建设团结富裕文明和谐美丽社会主义现代化新西藏的题中应有之义

一

党的十八大提出：“要适应国内外经济形势新变化，加快形成新的经济发展方式，把推动发展的立足点转到提高质量和效益上来，着力激发各类市场主体发展新活力，着力增强创新驱动发展新动力，着力构建现代产业发展新体系，着力培育开放型经济发展新优势，使经济发展更多依靠内需特别是消费需求拉动，更多依靠现代服务业和战略性新兴产业带动，更多依靠科技进步、劳动者素质提高、管理创新驱动，更多依靠节约资源和循环经济推动，更多依靠城乡区域发展协调互动，不断增强长期发展后劲。”这一战略举措标志我国经济发展全面转向以提高质量和效益上来。党的十九大作出“中国特色社会主义进入了新时代”的重大论断，新时代“我国经济已由高速增长阶段转向以高质量发展阶段，正处在转变发展方式、优化经济结构、转换增长动力的攻关期”。高质量发展意味着高质量的供给、高质量的需求、高质量的配置、高质量的投入产出、高质量的收入分配和高质量的经济循环。“建设现代化经济体系是跨越关口的迫切要求和我国发展的战略目标”，“必须坚持质量第一、效益优先，以供给侧结构性改革为主线，推动经济发展质量变革、效率变革、动力变革，提高全要素生产率，着力加快建设实体经济、科技创新、现代金融、人力资源协同发展的产业体系”。新时代实现“两个一百年”奋斗目标、实现中华民族伟大复兴的中国梦，不断提高人民生活水平，必须坚持社会主义市场经济改革方向，推动经济持续健康发展。

面对新形势、新要求，西藏自治区党委团结带领全区各族人民，坚持习近平新时代中国特色社会主义思想，肩负国家重要使命，科学谋划雪域高原特色产业高质量发展布局，精心凝炼特色产业发展重点，全面推进西藏经济高质量发展，为祖国西南边疆富裕文明和谐美丽奠定坚实的产业高质量发展基础。

西藏聚力发展特色产业具有重大现实意义。第一，西藏聚力发展特色产业，是构建具有区域特色现代产业体系的重大举措。加快发展高原生物产业，有助于进一步优化特色农牧业产业结构；有利于建成一批特色农产品生产基地，带动西藏地区经济高质量发展，提高特色农产品市场竞争力与占有率；有助于加快西藏藏医药科技创新和标准化体系建设。加快发展文化旅游产业，有利于提升西藏旅游的便利度、友好度、知名度和可进入性，进一步凝练具有西藏特色的旅游品牌形象。加快发展清洁能源产业，有利于充分利用西藏极为丰富的特色能源资源，打造我国重要的清洁能源供应基地，为国家实施“双碳”战略做出贡献。加快发展绿色工业，有助于提升优质矿产资源开发效益，推进建材资源开发和促进西藏特色手工业高质量发展，以实际举措延长产业链、供应链和价值链。加快发展现代服务业，能够进一步推进具有中国特色的现代教育、养老、卫生、健康等体制机制创新，促使生产性服务业、管理性服务业和新兴服务业体系更加完善、机制更加灵活、服务质量进一步提升。加快发展高新数字产业，制定和落实好促进信息产业高质量发展优惠措施，有助于进一步构建网络化协同创新体系。加快发展边贸物流产业，完善商贸流通体系，加大交通干线、口岸要镇仓储物流培育力度，完善城乡商业网点和物流配送体系，能够降低成本以及提升西藏自产商品市场占有率和综合竞争力，促进西藏经济高质量发展。

第二，西藏聚力发展特色产业，是推进产业富民工程的主要体现。西藏聚力推动高原生物产业快速发展，积极发展高原特色农畜产品加工、绿色农牧业、藏药和生物医药产业，有利于生产更多高原健康绿色产品，提高市场化竞争力，使生产者和经营者获得更多收益。推动特色文化旅游产业全域发展，提高文化旅游产业的综合效益，有助于实现旅游富民。推动绿色工业规模发展，重点推动天然饮用水产业加快发展，布局好绿色矿产业，推进装配式绿色建筑应用等产业，在有效解决建材市场供需矛盾的同时，促进西藏消费者获得物美价廉的相关产品。积极发展清洁能源产业，构建以水电为主、多能并举的清洁、经济、稳定、可持续发展综合能源体系，进一步夯实国家重要“西电东送”接续基地战略地位，为西藏各族人民走向更加美好的生活提供能源保障。推动现代服务业整体发展，积极发展城市服务业、金融服务业、工业服务业、农业服务业，助力产业高质量发展、扩大社会就业，满足群众对美好生活需要。推动高新数字产业创新发展，有利于加快高新数字产业自身培育发展，赋能其他产业升级换代，为加快建设团结富裕文明和谐美丽新西藏培育更具活力和更有富民内涵的特色产业集群。推动边贸物流产业跨越发展，发展口岸经济，促进“双循环新格局”构建，带动边境地带群众增收致富，促进西藏各族人民在南亚大通道建设中收获不断增长的物质财富。

第三，西藏聚力发展特色产业，是支撑就业优先战略的重要举措。实施就业优先战略，就是要把促进就业放在经济共享发展的优先位置，作为经济高质量发展的优先目标，强化政府责任，加大资金投入和支持，积极培育发展能够容纳吸引更多从业者就业的朝阳产业和新业态，使就业优先成为思想共识、决策导向、行动自觉。西藏聚力发展特色产业，加大就业资金安排和整合力度，推动重大项目、高新技术项目和就业容量大的中小微企业加快发展，拓宽就业渠道，提升就业服务精准度、覆盖面、实效性。壮大产业带动就业，进一步改善困难群体就业，动态消除零就业家庭，使调结构与促就业形成良性互动态势。西藏聚力发展特色产业，完善就业政策，使更多就业、创业机遇涌现出来；实施重点产业优先发展战略，有助于加快推进统一、规范、灵活的人力资源市场建设，更好发挥市场在人力资源配置中的基础作用，使市场就业、区外就业取得新突破。

第四，西藏聚力发展特色产业，是形成“两屏”战略布局的重要支撑。“两屏”，即党中央在召开第五次、第六次西藏工作座谈会上提出，西藏是重要的国家安全屏障，也是重要的生态安全屏障。这是党中央根据西藏特殊区位条件和地理环境做出的科学定位，是对西藏各族人民的充分信赖，寄托了殷切期望。西藏自治区党委、政府在深入贯彻落实习近平新时代中国特色社会主义思想，贯彻落实习近平总书记关于总体国家安全观和治边稳藏重要论述，牢固树立总体国家安全观，全面提升维护国家安全能力和水平基础上，提出聚力发展特色产业，就是要通过加快发展特色产业为筑牢“两屏”提供坚实的物质基础。

第五，西藏聚力发展特色产业，是实现新型工业化、城镇化和全面实施乡村振兴战略等重大任务的现实路径。工业化与城镇化是欠发达地区实现经济高质量发展的必由之路。新型工业化与城镇化是现代化进程的一对孪生子，以城镇化推进工业化，以工业化促进城镇化，是新型工业化道路的重要内容，也是促进城镇化发展的有效途径。聚力加快发展特色产业，能够激发西藏经济活力，培育创新科技，加快西藏新型工业化和城镇化发展。积极推进特色产业高质量发展，进一步加快培育农业现代化的市场主体，推进农村产业现代化、市场化、信息化，以实际行动推进乡村振兴战略深入实施。

二

“十三五”时期是西藏与全国一道全面建成小康社会的决胜阶段，是发挥资源和区位优势，加快提升产业发展质量和效益的关键时期。按照中共西藏自治区第九次党代会和区党委九届三次全会部署，统筹推进“五位一体”总体布局和协调推进“四个全面”战略布局，贯彻落实新发展理念，坚持市场作用和政府作用协同发力，坚持产业发展和生态保护和谐共生，以提高发展质量和效益为中心，以推进供给侧结构性改革为主线，以创新驱动为引领，以改革开放为抓手，着力聚焦四条发展路径，大力推动高原生物产业快速发展、特色文化旅游产业全域发展、绿色工业规模发展、清洁能源产业壮大发展、现代服务业整体发展、高新数字产业创新发展、边贸物流产业开放发展，形成绿色环保、特色鲜明、优势突出、可持续发展的高原现代产业体系，加快实现从资源优势向经济优势、市场优势、竞争优势转化，为决胜全面建成小康社会提供坚实支撑。

2018年，西藏自治区党委提出大力发展特色产业重大战略部署，强调以提高经济社会发展质量和效益为中心，大力培育具有西藏优势和市场竞争力的产业集群，重点发展高原生物产业、文化旅游产业、清洁能源产业、绿色工业、现代服务业、高新数字产业和边贸物流业等特色产业。西藏特色产业的发展重点包括：第一，加快发展高原生物产业。积极发展绿色农牧业，加强绿色农牧业基础设施建设，提高绿色农畜产品供给能力和产品品质，打造休闲农业；加快发展高原特色农畜产品加工，提升特色农畜产品加工技术研发和转化，打造高原特色绿色品牌，培育农畜产品加工龙头企业，构建新型农业经营体系；加快发展藏药和生物医药产业，加大高原作物深加工，全力打造藏成药知名品牌，加快生物制药和大健康产业创新发展。第二，加快发展特色文化旅游产业。构建“特色、全域、可持续、惠民”文化旅游产业体系。结合西藏优秀文化底蕴与核心要素，着眼打造重要的中华民族特色文化保护地和世界旅游目的地，开发特色精品旅游产品和线路，全面提高西藏旅游文化综合效益，扩大对外开放，全力塑造“游神圣第三极·享幸福新西藏”旅游品牌形象。第三，加快发展绿色工业。推动天然饮用水产业加快发展；布局好绿色优势矿产业，引进绿色开采技术，有计划地利用以锂为主盐湖矿产，铜、铅、锌等优势资源；积极发展绿色建材业，推进装配式绿色建材应用，合理布局建材业新增产能，有效解决建材市场供需矛盾；支持民族手工业创新发展，促进民族手工业上档次、上水平；加快发展节能环保产业，推动再生资源综合利用产业化。第四，加快发展清洁能源产业。重点发展水能、太阳能、风能、地热能。充分利用资源优势，加快能源基础设施建设，优化能源生产消费结构，改善民生用能条件，构建以水电为主、多能并举、互联互通的稳定、清洁、经济、可持续发展综合能源体系，积极推进重要的“西电东送”接续基地建设，把西藏打造成为国家清洁能源基地。第五，加快发展现代服务业。做大做强金融产业，坚持普惠金融和绿色金融，完善金融机构和市场体系；培育壮大新兴服务业，积极发展农业服务业、工业服务业、城市服务业，促进新兴服务业与现代农牧业、绿色工业、信息化、城镇化有机融合，提升新兴服务业高质量发展层次。第六，加快发展高新数字产业。重点发展大数据、互联网等信息技术应用、行业信息化解决方案、数字内容行业。深耕区内信息化市场，推动互联网、云计算、大数据、物联网等信息技术在经济高质量发展和社会政务管理等方面的广泛应用和深度融合，为西藏加快发展智慧旅游、平安城市、精准扶贫、维稳管控等提供有力支撑，打造智慧旅游试点城市和高原大数据中心试点城市。第七，加快发展边贸物流产业。完善边贸内贸流通体系，建设分级物流体系。建设出口商品生产基地。以共享共用为原则，完善商贸流通体系，加快发展口岸经济，加快推动内外贸易融合发展，加大交通干线、口岸要镇仓储物流培育力度，积极构建环喜马拉雅经济合作带，将西藏打造成为面向南亚开放的重要通道。

在中央特殊关怀下，在兄弟省市无私援助下，西藏自治区党委、政府团结带领西藏各族干部群众，扎实推进，西藏特色产业发展取得显著成效：第一，培育壮大高原生物产业。“十三五”期间西藏实施青稞增产、牦牛出栏行动，青稞产量、牦牛出栏头数比“十二五”末分别增长 12.2%、

25.2%，连续五年粮食产量稳定在100万吨以上，连续3年粮食安全省长责任制考核“良好”。农牧业产业化龙头企业162家，主要农作物综合机械化率达到65%。农畜产品加工业总产值57亿元，比“十二五”末翻一番。第二，培育壮大文化旅游产业。“十三五”期间西藏创新推出了“冬游西藏”，旅游人次和收入提前两年完成“十三五”目标，分别是“十二五”时期的2.3倍、2.4倍。农牧民参与乡村旅游就业8.6万人，年人均增收4300元。文化产业示范基地（园区）234家，产值超过60亿元，年均增长15%。第三，培育壮大清洁能源产业。“十三五”期间西藏澜沧江和金沙江上游清洁能源基地建设顺利推进，瓦托、金桥、加查等重要水电站投产发电。24个扶贫光伏能源项目实现并网。累计外送电力63亿千瓦时，实现了西藏电力从紧缺限电到富余输出的历史性转变。第四，培育发展绿色工业。“十三五”末西藏规模以上工业企业152家，比“十二五”末增长46.2%。天然饮用水销量年均增长10%以上，中成药年产量3586吨。绿色矿业稳定发展，铜锂等优势资源得到保护性利用。水泥年产量从468万吨增加到1085万吨，基础建材保障基本实现区内为主、区内外相互循环。第五，培育发展现代服务业。“十三五”期间西藏的市县乡村四级电商服务全面推开，网络零售额累计突破200亿元、增长20倍。社会消费品零售总额年均增长9.3%。上市公司达20家、增长81.8%，直接融资103亿元，金融业增加值占GDP比重提高1个百分点。第六，培育发展高新数字产业。“十三五”末西藏信息化指数从“十二五”末的63.3增长到75.8。首个云计算中心获评国家绿色数据中心。首条计算机整机生产线落地建成，填补了西藏电子信息制造业的空白。软件和信息技术服务企业超过300家，数字经济规模突破330亿元。第七，培育发展边贸物流产业。“十三五”期间西藏城乡流通体系逐步完善，货运总量和周转量分别达4093万吨和157亿吨公里。19家大型全国性电商和物流快递企业陆续落户，冷链仓储面积达到11.3万平方米。进出口贸易额累计约230亿元。总体来看，经过五年的产业培育与调整，产业链、供应链持续补齐建强，三次产业比例由“十二五”末的9:32.8:58.2调整为7.9:42:50.1，结构进一步优化，区位经济特色和优势产业的引领作用进一步彰显。

三

习近平总书记在中央第七次西藏工作座谈会上强调指出，当今世界正经历百年未有之大变局，当今中国正处在中华民族伟大复兴的关键时期。西藏是重要的国家安全屏障和生态安全屏障，是抵御美国等西方反华势力遏制分化中国图谋的前沿阵地，是维护祖国统一、反对民族分裂的重点地区。当前西藏工作呈现出新的阶段性特征，反分裂斗争进入关键期，社会大局进入实现长治久安的推进期，经济社会进入高质量发展的转型期，生态保护进入生态文明建设的深化期，边境建设进入富民强边的攻坚期。总书记概括的“五期叠加”的阶段性特征，反映出进一步做好西藏工作任务更重、难度更大、要求更高、使命更加光荣。我们必须保持清醒头脑、增强忧患意识，把形势估计得复杂一些，把风险挑战看得严峻一些，把各项工作做得更扎实一些，这样才能不断推进西藏长治久安，确保国家安全。面对新形势新任务，党中央确定新时代西藏工作指导思想为：坚持以习近平新时代中国特色社会主义思想为指导，全面贯彻习近平总书记关于西藏工作的重要论述和新时代党的治藏方略，增强“四个意识”、坚定“四个自信”、做到“两个维护”，坚持统筹推进“五位一体”总体布局、协调推进“四个全面”战略布局，坚持稳中求进工作总基调，深化反分裂斗争，铸牢中华民族共同体意识，推进藏传佛教中国化，提升发展质量，保障和改善民生，推进生态文明建设，加强边境地区建设，加强党的组织和政权建设，抓好稳定、发展、生态、强边四件大事，确保国家安全和长治久安，确保人民生活水平不断提高，确保生态环境良好，确保边防巩固和边境安全，凝心聚力建设团结富裕文明和谐美丽社会主义现代化新西藏。

“十四五”期间，西藏特色产业高质量发展的总体思路是：加快发展现代产业体系，推动经济体系优化升级，夯实产业基础，推进产业链现代化，提高经济质量效益和核心竞争力。第一，优化产业空间布局。根据城镇空间、生态空间、农业空间总体布局，综合资源优势、区位条件和产业发展基础，立足不同区域发展定位，发挥比较优势，因地制宜发展特色产业，推动清洁能源、文化旅游、高原生物、绿色工业、现代服务业、高新数字、边贸物流产业成为经济增长的重要引擎、转型发展的重要动力、人民幸福生活的重要指标、国民经济的重要支柱性产业、高质量发展的亮点和标志，产业增加值年均增长 10% 以上；第二，巩固提升传统产业。推动高原生物产业快速发展。推动特色文化旅游产业全域发展。推动绿色工业规模发展。推动边贸物流产业跨越发展。第三，发展壮大新兴产业。推动高新数字产业创新发展。加快信息技术与经济社会发展深度融合，促进互联网深度广泛应用，带动生产模式和组织方式变革，推动新一代信息技术与传统产业融合发展，实施互联网 +、人工智能、5G+ 赋能行动，形成网络化、智能化、服务化、协同化产业发展新形态。推动清洁能源产业壮大发展。加快流域综合规划编制，加快发展以水电、太阳能为主的清洁能源产业，全力推进清洁能源基地开发建设，打造国家清洁能源接续基地。推动现代服务业整体发展。加快生产性服务业向专业化和价值链高端延伸，大力发展研发设计、金融保险、节能环保、法律服务等服务业，加快推进服务业数字化；推动生活性服务业向高品质和多样化升级，加快发展健康、养老、育幼、体育、家政、物业等服务业。第四，完善高原特色产业综合扶持政策，坚持权利平等、机会平等、规则平等，坚决破除各种隐性壁垒，支持非公经济和中小微企业加快发展。落实西部地区鼓励类产业目录和国家各项财政、税收、金融优惠政策，完善高原特色产业综合扶持政策。加强银行信贷扶持，积极争取开发性、政策性金融支持，鼓励商业银行加大信贷投放力度，开发具有西藏特色的金融产品和服务，增强服务实体经济能力。积极推进地产产品研发推广应用，对本土资源加工类产品出藏运输费用给予财政补贴，增强保持产业链供应链稳定能力，加强供需动态匹配。构建有利于新技术、新产品、新业态、新模式赋能特色产业发展的政策环境。

四

2021 年 7 月在庆祝西藏和平解放 70 周年之际，中共中央总书记、国家主席、中央军委主席习近平来到西藏，祝贺西藏和平解放 70 周年，看望慰问西藏各族干部群众，给各族干部群众送去党中央的关怀。习近平总书记指出，西藏和平解放 70 年来，在党中央坚强领导下，在全国人民大力支持下，西藏各族干部群众艰苦奋斗、顽强拼搏，社会制度实现历史性跨越，经济社会实现全面发展，人民生活极大改善，城乡面貌今非昔比。实践证明，没有中国共产党就没有新中国，也就没有新西藏。毋庸置疑，党中央关于西藏工作的方针政策是完全正确的。习近平总书记强调，要全面贯彻新时代党的治藏方略，坚持稳中求进工作总基调，立足新发展阶段，完整、准确、全面贯彻新发展理念，服务和融入新发展格局，推动高质量发展，加强边境地区建设，抓好稳定、发展、生态、强边四件大事，在推动青藏高原生态保护和可持续发展上不断取得新成就，奋力谱写雪域高原长治久安和高质量发展新篇章。习近平总书记指出，推动西藏高质量发展，要坚持所有发展都要赋予民族团结进步的意义，都要赋予改善民生、凝聚人心的意义，都要有利于提升各族群众获得感、幸福感、安全感。要扬长避短，因地制宜，深化改革开放，加快铁路、公路及其他重大基础设施建设，加快发展特色产业，加快建设国家清洁能源基地，统筹发展和安全，走出一条符合西藏实际的高质量发展之路。

2021 年 12 月，中共西藏自治区第十次党代会提出，产业是高质量发展的根基。立足西藏经济社会发展实际，优化一产、壮大二产、提升三产，努力把资源优势转化为发展优势，积极培育战略性新兴产业，加快构建现代产业体系。加快发展文化旅游产业，坚持特色、高端、精品，丰富文化旅游产品，完善旅游基础设施，优化旅游业发展环境，创新旅游营销模式，促进文旅融合、提质增效。推动文化旅游产业全域全时高质量发展，实现文化产业产值翻一番；加快发展清洁能源产业，坚持水光风热互补、源网荷储一体，全力构建清洁能源“一基地、两示范”发展新格局。加快电力外送通道建设，着力建设国家清洁能源基地，打造新型电力系统示范区、清洁可再生能源利用示范区；加快发展绿色工业，重点推动绿色矿业、天然饮用水和民族手工业加快发展，开展战略性矿产资源和羌塘油气资源评估，推进扎布耶现代盐湖等产业开发，加快建筑业、建材业转型升级；加快发展现代服务业，着力发展研发设计、金融保险、节能环保等生产性服务业，重点发展健康、养老、育幼、体育、家政、物业等生活性服务业，更好服务实体经济和满足人民多样化需求。培育壮大消费市场，大力发展夜间经济。加快发展高原生物产业，坚持稳粮、兴牧、强特色，深化农牧业供给侧结构性改革，高标准建设一批青稞、牦牛等特色农畜产品生产基地和产业带。大力支持龙头企业加快发展，建强农牧民专业合作组织。加快发展藏药产业。加快发展高新数字产业，积极推动互联网、大数据、云计算、人工智能、卫星技术等新一代信息技术同经济社会发展深度融合，建设面向南亚数字港，推动产业数字化、数字产业化。加快发展边贸物流业，加强吉隆、樟木、普兰口岸基础设施和功能建设，实施边民互市进口商品落地加工。强化商贸流通体系支撑作用，推进城乡物流配送网络一体化，推动商贸流通体系向偏远乡村延伸。

2022 年 1 月，西藏自治区政府工作报告提出，抓根基支柱，培育壮大高原特色产业。第一，大力发展高原特色农牧产业，高标准建设一批特色农畜产品生产基地和产业带，有条件的县区打造 1—2 个特色产业园区。引进和培育若干农牧业产业化龙头企业。第二，大力发展清洁能源产业。建设金沙江上游和雅鲁藏布江中游水风光储多能互补基地，加快雅江水电龙头工程前期工作，积极推进百万千瓦级光伏基地和高海拔风电建设，有序推进“新能源+储能”试点示范，力争建成和在建装机1600万千瓦；第三，大力发展绿色工业。开展战略性矿产资源勘查，开工建设扎布耶万吨电池级碳酸锂项目，推进铜矿开发扩能提质。加快建筑业、建材业转型升级，引导绿色健康发展。天然饮用水产销量增长20%。支持民族手工业发展，推动藏医药产业扩量提质增效。实现规模以上工业增加值增长10%。第四，大力发展文化旅游产业。提升“冬游西藏”“文创西藏”影响力。优化旅游线路布局，打造G219、G318精品线路，推进文化旅游与乡村振兴、兴边富民深度融合，实现3A级以上景区智慧旅游覆盖面50%以上；第五，加快发展高新数字产业。积极融入“东数西算”布局，打造拉萨绿色数据中心集群和核心节点。加快工业互联网公共服务平台建设，在教育、医疗、交通、物流、矿山等领域培育15个5G应用示范，加速西藏数字“蝶变”。第六，加快发展边贸物流产业。建设两个以上冷链物流集散中心，构建城乡商贸流通一体化网络。推进边民互市贸易区、边贸市场和边贸点建设，实施边民互市进口商品落地加工，实现边境贸易和进出口贸易双增长。第七，加快发展现代服务业。积极发展研发设计、金融保险、节能环保等生产性服务业，支持发展健康医疗、养老育幼、家政物业等生活性服务业。培育新型消费热点，打造“西藏味道”美食街，发展假日经济、夜间经济。

习近平总书记指出，要走出一条符合西藏实际的高质量发展之路。西藏推进高原经济高质量发展具有良好的物质基础和巨大的资源优势。在“两个一百年”奋斗目标交汇的战略节点上，西藏特色产业高质量发展站在了新起点上，要围绕建成国家重要的战略资源储备基地、高原特色农产品基地、世界旅游目的地、清洁能源基地和面向南亚开放重要通道，打高原牌、绿色牌、特色牌，用好外力、增强内力、凝聚合力，切实把政策资源优势转化为经济高质量发展优势，让各族人民共享经济社会发展成果、奔向共同富裕，努力做到高原经济高质量发展走在全国前列！

五

2021 年是中国共产党成立 100 周年，是西藏和平解放 70 周年，是“十四五”开局之年，站在实现“两个一百年”奋斗目标交汇新起点上，为全面总结和平解放 70 年来西藏特色产业发展取得的经验，为新时代西藏特色产业高质量发展做出绵薄之力。西藏民族大学“西藏文化传承发展协同创新中心”组织校内外多学科专家与西藏涉及特色产业发展的厅局协同开展研究，在西藏产业 70 年与新时代高质量发展研究、西藏高原生物产业高质量发展研究报告、西藏文化旅游产业高质量发展研究报告、西藏绿色工业高质量发展研究报告、西藏清洁能源产业高质量发展研究报告、西藏边贸物流产业高质量发展研究报告、西藏高新数字产业高质量发展研究报告、西藏现代服务业高质量发展研究报告基础上，编纂了包括《西藏高原生物产业高质量发展研究报告（2021）》《西藏文化旅游产业高质量发展研究报告（2021）》《西藏绿色工业高质量发展研究报告（2021）》《西藏清洁能源产业高质量发展研究报告（2021）》《西藏边贸物流产业高质量发展研究报告（2021）》《西藏高新数字产业高质量发展研究报告（2021）》《西藏现代服务业高质量发展研究报告（2021）》共七册“西藏特色产业高质量发展系列研究报告”。其中：

1.《西藏高原生物产业高质量发展研究报告（2021）》

高原生物产业是西藏经济社会高质量发展的基础产业、优势产业、民生产业，是西藏经济稳定之基、发展之本、稳定之要。加快推进西藏农牧业高质量发展，是促进农牧民就业增收、全面建成小康社会、维护国家生态安全、确保长治久安的必然要求，具有特殊战略地位和现实意义。本书在详细梳理西藏高原生物产业发展区域特征、发展历程、发展环境、资源禀赋基础上，找出存在的问题和制约因素，总结发展成就及经验，提出高质量发展思路与目标任务、发展路径与对策建议。期望本书能对西藏高原生物产业高质量发展提供借鉴。

2.《西藏文化旅游产业高质量发展研究报告（2021）》

文化旅游产业是西藏传统优势特色产业，在西藏经济社会发展、生态文明建设、文化交流交融等方面具有重要作用。本书在梳理文化旅游产业概念界定及西藏文化旅游产业发展条件的基础上，重点总结西藏文化旅游产业取得的成就和特征，同时结合新发展阶段的发展环境与政策，提出西藏文化旅游产业发展面临的困境与挑战，并提出未来促进其高质量发展的对策建议。期望本书能对西藏文化旅游产业高质量发展提供借鉴。

3.《西藏绿色工业高质量发展研究报告（2021）》

绿色工业是实现西藏经济社会高质量发展的需要。本书结合国家统计局相关产业分类标准，从诠释工业产业集群内涵和行业入手，在阐述西藏加快发展绿色工业的必要性和重要意义的基础上，着重分析了西藏绿色工业发展现状与存在问题，按照西藏优势矿产业高质量发展专题、西藏绿色建材业高质量发展专题、西藏民族手工业高质量发展专题、西藏节能环保产业高质量发展专题，探讨了西藏绿色工业高质量发展面临的困境与挑战，提出了相应的对策建议。期待本书能对西藏绿色工业高质量发展提供借鉴。

4.《西藏清洁能源产业高质量发展研究报告（2021）》

西藏作为我国战略资源储备基地和“西电东送”接续地，以“坚持开发利用当地能源资源和外地输入优质能源并举，形成以水电为主，油、气和可再生能源互补的可持续发展综合能源体系”为主线，在增强区内能源供应保障能力的同时，为国家调整能源结构和顺利实现“双碳”目标做出重要贡献。本书通过梳理西藏清洁能源产业发展历程、取得的成就，归纳西藏清洁能源产业发展面临的问题与前景，集中对西藏太阳能、风能、地热能、水能等四大清洁能源产业进行较为翔实、系统分析，探讨了西藏清洁能源产业发展的优势与短板，提出了未来促进其高质量发展的思路与目标任务、发展路径与对策建议。期待本书能对西藏清洁能源产业高质量发展提供借鉴。

5.《西藏边贸物流产业高质量发展研究报告（2021）》

西藏作为连接东亚与南亚极其重要的陆路枢纽，有着不可替代的战略地位。在国家新一轮对外开放背景下，西藏肩负着时代重任，必须加快推进“环喜马拉雅经济合作带”和南亚大通道建设步伐。2021年是“十四五”开局之年。本书着眼于建设面向南亚开放的国际物流枢纽，以共享共用完善商贸流通体系、发展口岸经济，加快推动内外贸易融合发展和“双循环”发展新格局，加大交通干线、口岸要镇仓储物流培育力度，优化重点产业布局为发展要务。期待本书能对西藏边贸物流产业高质量发展提供借鉴。

6.《西藏高新数字产业高质量发展研究报告（2021）》

推动互联网、大数据、云计算、人工智能、卫星技术等新一代信息技术同经济社会发展深度融合，建设面向南亚数字港，推动产业数字化、数字产业化，加速西藏数字“蝶变”是西藏高质量发展的重要支撑。本书以西藏高新数字产业为研究对象，重点研究了西藏高新数字产业发展规模、发展特点、数字化水平和政策支撑体系。结合理论模型使用定量分析、案例分析、对比分析等方法，探索了西藏高新数字产业发展存在的问题和制约因素，提出了未来促进其高质量发展的战略与目标任务、路径与对策建议。期待本书能对西藏高新数字产业高质量发展提供参考。

7.《西藏现代服务业高质量发展研究报告（2021）》

提升西藏现代服务业的发展水平，对西藏优化产业结构、提升服务业层次和加快经济发展有重要意义。本书在梳理西藏现代服务业基本概况，以金融服务业、城市服务业为重点，分析了西藏现代服务业的发展历程、发展环境、资源禀赋，探索了西藏现代服务业高质量发展存在的问题和制约因素，总结了发展成就与成功经验，提出了未来促进其高质量发展的思路与目标任务、发展路径与对策建议。期待本书能对西藏现代服务业高质量发展提供借鉴。

以上七种书在研究内容上全面涵盖了西藏特色产业高质量发展的理论与实践问题。本系列研究报告的编纂，汇聚了西藏民族大学和西藏自治区内外相关领域的专家学者，历时一年多时间完成初稿，并经专家委员会论证、修改完善，最后由西藏人民出版社审定出版。在本系列研究报告的编纂过程中，我们牢牢把握本系列研究报告主要是为西藏区内各级管理干部和相关研究人员服务的宗旨，内容力求通俗易懂。本系列研究报告以西藏特色产业发展历程为基础，重在构建推动西藏特色产业高质量发展的框架体系，为读者提供具有实践意义的研究性借鉴。在具体结构上，上述七种书在文字叙述中穿插了一定的模块化图文。可以说，这套书对于全面了解西藏特色产业高质量发展具有很好的借鉴和参考价值。

在本系列研究报告即将出版之际，作为西藏高校的教育工作者，编写组成员为西藏特色产业发展取得的历史性成就感到无比自豪。作为本系列研究报告的主编，对参与本系列研究报告策划、撰稿、出版的各位专家表示感谢，感谢他们为此项工作贡献的智慧和力量。同时，由于时间紧，本系列研究报告对于西藏特色产业高质量发展的理论研究和现实问题探索有待进一步深入，典型经验有待进一步凝练，所提出的高质量发展路径与对策建议有待实践检验。今后我们一定会再接再厉，持续关注西藏经济社会高质量发展中所遇到的重大现实和理论问题，力争为助推西藏特色产业高质量发展做出更大贡献。

编　者

二〇二二年三月

目　录

第一篇　综合篇

高新数字产业作为西藏高原经济特色优势产业的重要组成部分，是五大新发展理念的集中体现，是推动西藏高质量发展的重要抓手。就西藏的要素禀赋结构来看，受当前人力资本水平和物质资本存量的限制，除了诸如藏语文信息技术等个别领域之外，大多数知识密集型和资本密集型的数字信息产业缺乏繁荣发展的要素基础和需求条件。就宏观经济层面来看，数字信息产业占GDP的比重增幅趋缓，但数字产业化的比重呈现快速提升的态势，反映出数字产业与传统产业的融合是当前和今后一个阶段数字经济发展的显著特点。因此，不管是从数字经济发展规律，还是从西藏自身的禀赋条件来看，在社会需求进步、技术转型升级和经济范式变革三者叠加的大背景下，决定了高新数字产业在西藏社会经济发展中必将扮演着赋能增效的重要角色。

为精确测算出具有西藏特色的高新数字产业规模，本书对高新数字产业的内涵及外延进行了界定。在对比美国、英国、OECD等国家和国际组织、国内机构和学者对数字经济研究的基础上发现，以增长核算框架为基础方法对数字经济进行测算，可以解决现存的对数字经济规模测算无法将传统行业增加值带入其中的问题。本书运用此方法分别测算了西藏高新数字产业的基础部分和融合部分，最后将得到的两部分数值进行加总求和得出数字经济的规模总量。通过测算西藏高新数字产业的规模，发现数字经济对经济增长贡献率虽然偶尔有小的波动，但整体呈现逐年平稳增加趋势。

本书运用PEST分析了西藏高新数字产业面临的环境与条件发现，在我国高新数字产业发展的过程中，产业扶持政策随着国家对数字产业和高新科技融合需求的不断提升而不断演变。西藏通过优化政府机构设置，不断完善工作体系，并适时出台相关政策文件来推进信息化和数字化建设进程，为高新数字产业发展保驾护航。在外部风险挑战明显加剧的复杂背景下，我国经济保持平稳增长，显示出强大的韧性和生命力，西藏经济快速发展也为高新数字产业发展奠定了坚实的基础。然而，在技术环境方面，西藏存在数字系统与资源共享统筹力度不足、难以高效支撑业务发展、数字化专业人才不足等制约长效发展的问题。

通过梳理西藏高新数字产业发展历程将其分为信息化、网络化和数字化三个时代，每个时代都具有鲜明的时代特征。在构建高新数字产业发展水平的评价指标体系基础上对西藏发展水平进行评价，认为西藏高新数字产业发展水平总体呈上升态势，但存在内部不协调等问题。信息通信基础设施增长速度最快，对数字经济的发展贡献最大；ICT 初级应用指标有放缓趋势；企业电子商务的增长速度仍然非常缓慢，对西藏数字经济发展的贡献较低。本书还对西藏核心数字产业、传统产业数字化的发展状况进行研究。并以数字政府建设、企业数字化转型、农业数字化为典型案例分别研究，由此可以看出，西藏高新数字产业的发展是一个零基础的动态演进过程，内外部环境的变化推动着西藏高新数字产业的驱动力、产业结构、地域分布等发生规律性变化，从而形成具有西藏特色的高新数字产业动态演进规律：（1）产业动力演进特点——由行政主导向市场主导转变；（2）产业结构演进特点——由单一化向与传统行业融合化转变；（3）地域分布演进特点——由“小集中”向“大分散”转变。

本书认为当前正处在科技变革和产业革命的历史机遇期，应当从战略高度审视高新数字产业发展带动西藏经济社会发展的思路。首先要提高站位，充分认识发展高新数字产业的重要意义。其次要找准路径，抓住高新数字产业高质量发展的突破口。要坚持市场主导与政府引导相结合、坚持先试先行与统筹推进相结合、坚持产业融合与创新引领相结合、坚持绿色发展和网络安全相结合、坚持开放合作与互利共赢相结合的发展目标，明确当前和未来的目标任务。要以高新数字产业与传统特色优势产业的深度融合为重点，以挖掘数据要素价值赋能经济社会高质量发展为目标，以社会治理数字化转型培育高新数字产业生态链为路径，以加快数字基础设施建设夯实高新数字产业基础为条件，以国有企业数字化改革为西藏企业数字化转型提供示范，以充分利用地缘战略地位和特殊区域政策优势为依托，走高质量发展道路。最后从推动特色数字信息产业数字化、服务业数字化、农牧业数字化、工业数字化以及社会治理数字化方面提出高质量发展的建议。

第一章　西藏发展高新数字产业的必要性和重要意义

第一节　西藏发展高新数字产业的背景

当今世界正面临百年未有之大变局，世界格局迎来新的洗牌，世界政治生态在变化，产业革命也迎来新格局。自第一次工业革命以来，蒸汽机的发明使得人类从小规模手工化生产逐步走向大规模机械化生产，标志着工业革命的开始。随后，第二次工业革命的电气时代极大地推动了社会生产力的发展，以及第三次工业革命的计算机时代均带领人类走向更加文明的层次。计算机的产生深刻改变了人们的生产生活方式，以互联网为重要标识的信息革命和产业变革席卷全球。随着计算机技术的不断发展，各类信息呈爆炸式增长，为进一步处理各种信息，数字化智能化程度不断提升，从而形成了庞大的数字产业。在经济全球化的今天，数字化无疑为新经济发展提供了良好的发展工具和平台，数字技术与实体经济深度融合，产业数字化应用潜能迸发释放，数字经济应运而生。1994 年，新经济问题研究学家唐·塔普斯考特（Don Tapscott）在其出版的《数字经济：智力互联时代的希望与风险》一书中最早提出数字经济一词，详细阐述了早期互联网经济，被誉为“数字经济之父”。随着数字经济的蓬勃发展，在国内也掀起了研究数字经济的新浪潮。2016 年，G20 杭州峰会的召开标志着数字经济正式成为新经济的一种业态模式，代表着数字产业正式走向历史舞台，也代表着人类社会进入了以数字化为主要标志的新历史阶段。

以习近平同志为核心的党中央领导集体高度重视数字技术与实体经济的深度融合发展。中国共产党建党 100 周年以来，我国综合国力和经济实力实现重大突破，但高速发展带来的若干结构性问题开始显现，其中包括西藏的数字经济发展问题。受地区资源禀赋、经济水平、产业基础、政策环境等因素影响，西藏高新数字产业相与其他省份比发展较为缓慢。发展数字经济，既能从科技层面提高新一代信息技术水平，又能从经济发展层面享受数字化转型带来的效率提升，为实现经济高质量发展提供了有效途径。高新数字产业作为新兴技术和先进生产力的代表，因其提高全要素生产率、推动经济高质量发展新动能的特性，国内早已在政界、学界、商界等不同层次和领域展开研究。

一方面，从相关概念引用来看，2017 年国务院《政府工作报告》中首次出现“数字经济”一词，报告指出要促进数字经济的快速发展，截止到 2022 年，“数字经济”已累计 5 次写入政府工作报告。同时，与数字经济相关的“互联网 +”自 2015 年起连续 6 年被写入《政府工作报告》，“工业互联网”、“智能制造”等关键词分别被写入 4 次和 3 次。可以看出，数字经济及其相关名词在《政府工作报告》中的引用次数越来越多，引用频率越来越高，说明国家顶层设计对数字经济的发展愈加重视，发展环境也愈加向好。另一方面，从促进数字产业发展而出台的各类文件来看，对数字产业支持力度不断加深。2019 年 10 月，国家正式启动了数字经济创新发展试验区的创建工作，对如何做强做大数字产业从而形成浓厚的数字经济发展氛围做出规划，并制定印发了《国家数字经济创新发展试验区实施方案》，此方案的出台就适应数字生产力进步的生产关系、加速产业数字化等方面给出指导意见。2020 年 4 月 7 日，为了帮助中小企业转型，国家发展和改革委员会、中央网信办联合印发《关于推进“上云用数赋智”行动培育新经济发展实施方案》，通过强化公共服务、降低转型门槛、推行 普惠服务，解决中小企业“没钱转型”的难题。2020 年，突发的新冠肺炎疫情暂时打破了新时代社会经济有力有序向好发展的节奏，面对疫情对社会经济发展的巨大冲击，电商网购、线上课堂、远程办公等新业态在抗疫中发挥了重要作用，充分展现了数字经济在严峻的外部条件下所展现的强大生命力。国家领导人也多次强调要抓紧布局数字经济，加快5G网络、数据中心等新型基础设施建设，继续出台新政策支持数字经济，打造数字经济新优势。

2018年，西藏自治区《政府工作报告》首次提出“七大产业”的概念，阐明了七大产业包括高原生物产业、文化旅游产业、清洁能源产业、绿色工业、现代服务业、高新数字产业以及边贸物流产业，高新数字产业作为七大产业之一在西藏经济社会发展中扮演着举足轻重的角色。2019年，西藏自治区《政府工作报告》指出要推进高新数字产业创新发展，具体包括制定落实促进信息产业发展的优惠措施、推进“互联网+”行动、搭建中小微企业公共服务平台等措施。2020年，西藏自治区《政府工作报告》指出加快信息和数字技术运用，主要体现在社会治理、政务服务、教育医疗等领域，实现农牧区电商服务全覆盖、推进5G应用等。2020年，西藏“十四五”规划中提到着力推动七大产业高质量发展，编制特色产业发展规划，立足资源禀赋、发挥比较优势，推动高新数字等产业成为经济增长的重要引擎、转型发展的重要动力、人民幸福生活的重要指标、国民经济的重要支柱、高质量发展的亮点和标志，实施“互联网+”、“人工智能”、“5G+赋能行动”，推进北斗西藏应用示范项目及配套项目建设，加快藏语文信息技术应用，建设面向南亚的数字港。2021年，西藏自治区《政府工作报告》指出建设面向南亚开放的国际通信出入口节点，加快大数据中心建设，推进“数字西藏”、“智慧西藏”建设。连续四年的西藏自治区《政府工作报告》均提出大力发展高新数字产业，说明其重要性。《西藏自治区数字经济发展规划（2020–2025年）》更是从具体落实层面提出，要发展电子商务和智慧物流，引导电子商务平台企业与快递企业开展供应链流程再造来降低企业运营成本，为西藏数字经济发展提供科学指引。以上各种政策的颁布表明数字经济已经渗透至各行各业，数字产业也被作为顶层设计中至关重要的部分。2021年，西藏自治区第十次党代会提到在“十四五”期间，西藏将抓住“数字机遇”加快布局5G、绿色数据中心、物联网、工业互联网等新型基础设施，积极融入“东数西算”布局，加快发展高新数字产业，推动数字经济规模突破600亿元。

疫情防控期间，数字化服务需求增长迅猛，高新数字产业发展逆势上扬，成为高质量发展新引擎。首先，从城乡居民的数字化需求方面来说，疫情的暴发引发城乡居民更大的需求。受西藏地域特征的影响，高原高寒的地理因素导致在新冠疫情背景下，社区治理数字化、公共安全信息化、教育教学线上化、购买服务网络化等一系列日常生活都与数字相联系，为公共服务数字化转型提供物质载体和技术保障。其次，从企业的数字化需求方面来说，疫情防控期间远程操控系统、线上会议、智能制造等新需求的倒逼，使企业更有意愿和动力开展数字化转型，推动传统企业重新审视数字化能力。最后，从政府部门和公用事业单位的数字化需求方面来说，西藏作为边疆民族地区，面临着公共服务不足、社会治理水平不高、民生服务存在短板等问题，社会治理工作多、任务重、领域广。从智慧化程度来看，西藏各地（市）智慧化程度良莠不齐，以拉萨市为核心的经济圈智慧化程度较边境县市有明显差异。

第二节　西藏发展高新数字产业的可行性

一、政策提振西藏高新数字产业迎新一轮发展利好

在我国高新数字产业发展的过程中，产业扶持政策随着国家对数字产业和高新科技融合需求的不断提升而不断演变。自2001年开始，五年规划就不断将高新数字产业相关的有利政策不断引进。尤其是在2020年《中共中央关于制定国民经济和社会发展第十四个五年规划和二〇三五年远景目标的

建议》中明确对数字化社会治理，数字化政府系统构建等方面做出阐述，进一步提升公共服务和社会治理等数字化智能化水平。在数字化转型的基础制度和标准规范方面，要建立起数据资源产权界定安全保护、交易流通、跨境传输等方面的规范，从而大力推动数据资源的开发利用。在数据安全方面要保障国家的数据安全，加强个人的信息保护。在数字化信息使用方面，要提升全民的数字技能，扩大基础公共信息数据有序开放，建设国家数据统一共享开放平台。除此之外，还要积极参与数字领域国际规则和标准的制定。

西藏优化政府机构设置，不断完善工作体系，扎实推进高新数字产业发展。2017 年，西藏成立自治区产业建设领导小组，下设特色加工产业和信息产业专项推进组（2020 年调整为高新数字产业专项推进组），负责统筹加快信息和数字技术运用，助推教育、医疗、社会治理、产业协同发展。推进北斗卫星应用示范、推广藏文软件推广应用，运用 5G 通讯技术搭建具有西藏特殊优势产品的网上“天路”。为进一步强化我区信息化建设、数字经济发展方面的职能，西藏经济和信息化厅增设数字经济发展处，专门负责拟订全区数字经济和大数据产业发展规划，研究提出数据资源管理标准，推动大数据应用发展，促进全行业数字化转型及工业化和信息化融合发展，并承担着大数据产业、电子信息产品制造业等行业管理、政务信息化公共基础设施管理和发掘公共数据开发利用价值的职责。西藏适时出台相关政策文件推进信息化和数字化建设进程，为高新数字产业发展保驾护航。在 5G 建设方面，为加快 5G 网络建设，出台了《西藏自治区人民政府关于推进 5G 网络发展的实施意见》，构建具有西藏特点的 5G 发展环境；在政务服务方面，西藏印发实施《西藏自治区“十三五”时期信息化发展规划》、《西藏自治区政务信息化项目管理暂行办法》等，编制了 19 个政务信息化标准规范，信息化发展环境不断优化；在数字建设方面，西藏自治区人民政府发布实施了《西藏自治区数字经济发展规划（2020–2025 年）》，为西藏数字经济的发展提供科学指引。

二、宏观经济环境为西藏高新数字产业发展保驾护航

在外部风险挑战明显加剧的复杂背景下，我国经济保持平稳增长，显示出强大的韧性和生命力，良好的宏观经济环境为西藏高新数字产业发展保驾护航。2020 年，新冠肺炎疫情暴发，虽然我国经济受疫情冲击影响出现波动，但在我国特殊的体制下，统筹疫情防控取得了令世界瞩目的优异成绩，经济社会发展也取得重大战略成果，实现全球唯一经济正增长。2020 年，我国经济总量再上新台阶，经济总量突破百万亿大关，全年 GDP 达 1015986 亿元，比上年增长 2.3%，全年规模以上工业企业实现利润 64516 亿元，比上年增长 4.1%[①]。经济复苏走在世界前列，经济基本盘稳固夯实，成为推动全球经济复苏的主要力量。

西藏经济快速发展为高新数字产业发展奠定了坚实的基础。新冠肺炎疫情的暴发对我国实体经济造成了负面的影响，经济发展放缓。然而西藏地区 2020 年上半年完成生产总值 838.38 亿元，逆势保持正增长，同比增长率达 5.1%，增速全国第一。西藏全年生产总值达 1902.74 亿元，比上年增长 7.8%[②]。其中，数字经济规模达 330 亿元，同比增长约 20%，高新数字产业增加值 152.48 亿元，增长 23.9%[③]。良好的经济环境为数字经济的发展提供了坚实的基础，数字经济作为主要抓手和着力点，又会带动西藏经济持续向好发展。

以第三产业为主导的产业结构为高新数字产业发展提供了巨大的潜力。截至 2020 年底，西藏第三产业增加值达 953.84 亿元，增长 1.4%，占

① 国家统计局 .2020 年中华人民共和国国民经济和社会发展统计公 [EB/OL].http://www. stats. gov.cn/tjsj/zxfb/202102/t20210227_1814154.html，2021.

② 西藏自治区统计局 .2020 年西藏自治区国民经济和社会发展统计公报 [EB/OL].http://tjj. xizang.gov.cn/xxgk/tjxx/tjgb/202104/t20210408_198946.html，2021.

③ 2020 年西藏数字经济规模突破 330 亿元，西藏自治区人民政府，http://www. xizang. gov. cn/xwzx_406/shfz/202102/t20210210_192962.html，2021-2-10.

总产值的50.1%。而第二产业和第一产业分别增加798.25亿元、150.65亿元，分别增长18.3%、7.7%，各占西藏地区生产总值的42.0%、7.9%[①]。高比重的第三产业为高新数字产业的发展提供了巨大的潜力。我国数字经济出现“三二一”产业逆向渗透趋势[②]，西藏旅游业、文化娱乐业、餐饮业、金融业等领域的数字经济引领发展。西藏农牧业进一步发展，粮食总产量和牲畜出栏量持续增长，粮食产量达到105万吨，肉奶产量超过90万吨[③]，西藏特色农牧业和特色工业为产业数字化发展提供了新的方向。

三、社会环境为西藏高新数字产业发展提供便利条件

西藏的城镇化潜力赋予西藏数字乡村建设特殊重要地位，为西藏高新数字产业发展提供便利条件。2020年底，我国常住人口城镇化率首次突破六十大关，达60.60%[④]。然而西藏全区城镇人口超107万人，城镇化率仅为32%[⑤]，与国内平均城镇化率相比仍有较大差距。因此，推动实施乡村振兴战略，走数字乡村道路对西藏经济发展有举足轻重的作用。农村电商作为数字乡村建设的重要组成部分，作为乡村振兴的重要抓手，在西藏的发展仍处于初级阶段，糌粑、牦牛干、青稞酒等特色农牧产品亟须通过电商扩大销售规模，提高销售收入。同时，农村电商制度的完善还可以推进智

① 西藏自治区统计局.2020年西藏自治区国民经济和社会发展统计公报[EB/OL]..http://tjj. xizang. gov. cn/xxgk/tjxx/tjgb/202104/t20210408_198946.htmll，2021.

② 刘淑春.中国数字经济高质量发展的靶向路径与政策供给[J].经济学家，2019（06）:52-61.

③ 西藏自治区统计局.2020年西藏自治区国民经济和社会发展统计公报[EB/OL]..http://tjj. xizang.gov. cn/xxgk/tjxx/tjgb/202104/t20210408_198946.htmll，2021.

④ 国家统计局.2020年中华人民共和国国民经济和社会发展统计公[EB/OL]. http://www.stats.gov.cn/tjsj/zxfb/202102/t20210227_1814154.html, 2021.

⑤ 这五年，西藏城镇化率提高至32% 全区城镇人口已超107万人，来源于中国西藏新闻网，转引自拉萨市人民政府，http://www.lasa.gov. cn/ lasa/ zzqxx/ 202102/ afca45164609468493 db0d21c6669a4e.shtml，2021-2-1.

慧物流的建设，使区内人民能够通过便利的物流条件享受到区外物资，降低运输成本，更好地改善当地居民生活。

西藏高新数字产业的发展有利于缩短西藏地广人稀的时空距离。西藏是我国人口密度最小的地区，人口主要集中在西藏的东部和南部地区。部分地区数字化水平较高，拉萨市和林芝市成为国家智慧城市试点，拉萨市柳梧新区成为首个 Wi-Fi 大面积覆盖的公共区域，5G 覆盖即将实现，信息领域相关的国家级高新技术企业、孵化科技型企业、自治区重点实验室和工程技术研究中心、科技基础条件平台等创新建设型单位初步设立。高新数字产业带动新一轮的基础设施建设，对缩小基础设施建设两极分化的现象起到促进作用。

西藏丰富的能源条件满足了高新数字产业发展的用电需求。西藏自治区的电力资源潜能蕴藏丰富，据西藏自治区《政府工作报告》显示，2020 年，瓦托、金桥水电站投产发电，拉洛水利枢纽下闸蓄水。农网改造加快推进，主电网覆盖 66 个县（区），阿里地区与藏中电网联网工程全线贯通，结束了全国市级电力孤网运行的历史。西藏光照、风力资源丰富，太阳总辐射达到 140-200 千卡 / 平方厘米，是我国东部沿海地区的两倍，年平均大风日数多达 100-150 天，最多可达 200 天，是全国大风（≥ 8 级或 17 米 / 秒）最多的地区之一，比同纬度的我国东部地区多 4-30 倍[①]。西藏丰富的光照和风力资源为太阳能和发电提供了自然资源条件，电力资源充分开发利用后完全可以满足西藏数字经济发展过程中大规模、持续稳定、价格低廉的用电需求。

① 自然资源，西藏自治区人民政府，http://www. xizang. gov. Cn / rsxz/ qqjj/ zrdl/ 201812/ t20181219 _33381. html，2016-10-28.

第三节　西藏发展高新数字产业的必要性

一、满足西藏数字化服务需求，全面提升现代信息化水平

西藏发展高新数字产业有助于满足区内数字化服务的需求，全面提升现代信息化水平。据全国第七次人口普查结果显示，西藏常住人口为364.81万人，而地域面积却约为122.84万平方公里，人口密度较低的社会环境以及高原高寒等特殊的地理环境导致西藏信息基础设施建设相对滞后，尤其是高海拔边远地区通信网络覆盖不全，存在通信信号质量差及信号盲区等问题。由于西藏信息化工作统筹规划和顶层设计力度不够造成各个信息设备之间没有统一的监管接口，信息系统之间“各自为营”导致高级功能不够齐全、普通功能大同小异，不同数据的凌乱分散及相同数据的重复利使容易造成资源浪费，公共信息资源开发利用和数据开放共享程度不高。除了信息化基础设施建设相对滞后外，数字技术与传统行业的融合程度不足。例如：西藏农牧区通信基础设施发展不平衡，资源利用效率低下；旅游业对旅客信息的抓取利用能力不足，潜在消费预测不精确。除此之外，人民日益增长的美好生活需要使得政务信息爆炸式，政务信息化服务不能满足政府治理能力现代化的需求，政府惠民服务与民生需求差异较大。西藏高新数字产业的发展可以吸引民间资本投入、扩大基础设施建设、扫除通信信号的盲区、打通信息化建设“天路”，从而深入开展“互联网+政务服务”，推进电子商务工程建设和“智慧农牧”行动，提升社会治理以及解决民生问题的能力，全面提升现代信息化水平。

二、抢抓高新数字产业发展机遇，占领未来竞争制高点

西藏发展高新数字产业有助于抢抓发展机遇，占领未来竞争制高点。

2018年12月，中央召开经济工作会议，首次提出“新型基础设施建设”一词（下文简称“新基建”），并列入次年的《政府工作报告》中指出要加强新一代信息基础设施建设，随后国家工业和信息化部、国家发展和改革委员会等国务院部委和地方政府部门多次发文表示支持发展“新基建”，尤其是在2020年国务院《政府工作报告》中明确指出要重点支持“两新一建”。可以看出，“新基建”越来越受到国家顶层设计者的重视。根据国家发展和改革委员会的解释，“新基建”主要包括信息基础设施、融合基础设施和创新基础设施。其中，信息基础设施建设主要是指基于新一代信息技术演化生成的基础设施，以5G、区块链、智能计算中心为代表的通信网络、新技术、算力等基础设施。可以看出，信息基础设施与高新数字产业有者千丝万缕的关系，“新基建”作为高新数字产业发展的硬件基础将构建数字经济的坚实底座，而高新数字产业又为“新基建”提供了发展需求方向。二者结合将驱动消费升级，加快产业生态的繁荣发展，抓住“新基建”发展机遇即抓住高新数字产业发展的机遇。除了政府部门推动发展“新基建”以外，民间资本也在加大对“新基建”的投资布局。比如：腾讯和阿里分别要在未来五年和三年的时间里投资5000亿元和2000亿元布局“新基建”。在信息技术迅速革新的背景下，发展高新数字产业的机遇稍纵即逝，如果西藏在“新基建”享受政策红利的同时错失发展高新数字产业机遇，必将在未来的经济发展中受制于人。西藏是“一带一路”通向南亚的重要节点，抢抓“一带一路”和“新基建”机遇，发展数字经济，制定数字经济的国际合作政策，对西藏发挥区位优势、提升数字经济国际影响力有显著推动作用。同时，也对我国提升在南亚地区大数据、云计算等基础信息化实力有非常重要的推动作用。

三、创造就业机会，完善高新技术人才队伍建设

西藏发展高新数字产业有助于创造就业机会，完善高新技术人才队伍

建设。就业是解决民生问题的重要措施之一，而西藏就业问题更是关系着边疆稳定、社会和谐。“十二五”期间，西藏的“全就业政策”在解决民生就业问题以及维护社会稳定方面发挥了至关重要的作用。然而，西藏自治区党委、政府对就业政策做出了重大调整后，2017 年我区公招人数迅速下降到 6125 人，公招数量大大削减，就业市场化导向明显。在此背景下，大力发展高新数字产业、提供新的就业岗位，对解决西藏就业问题有良好的促进作用。据《中国数字经济发展与就业白皮书》显示，我国 2018 年数字经济领域就业岗位 1.91 亿个，占总就业人数的 24.6%，同比增长 11.5%。西藏各行业信息化人才极度缺乏，急需加强人才培养和队伍建设来普及农牧区信息技术教育，培育基层信息化人才。因人才的匮乏导致网络安全综合管控存在短板，信息安全保障有待进一步加强。西藏高新数字产业可以运用数字信息化等技术将协同不同类型的产业，打通上下游产业的通道从而，提高生产效率，形成产业集群，促使产生更多的工作岗位。产业数字化和数字产业化会进一步推动信息化和工业化深度融合，推动数字技术和实体经济融合发展，这就要求更多的高素质高新数字技术人才，而人才汇集是西藏经济提质增效、实现高质量发展的强劲引擎，是西藏发展的不竭动力。

第四节　西藏发展高新数字产业的重要意义

一、高新数字产业推动西藏高质量发展

高新数字产业是五大新发展理念在西藏的集中体现，是推动西藏高质量发展的重要抓手。高新数字产业本身是新技术革命下数字技术与实体经济融合形成的新兴产业，是新经济形态的具体化，更是西藏自治区七大产业的重要组成部分。在新冠肺炎疫情背景下，西藏正面临新一轮科技变革

和产业转型的重大战略机遇，社会需求进步、技术转型升级和经济范式变革三者叠加，决定了高新数字产业在西藏的社会经济发展中必将扮演更加重要的角色。2020年，西藏自治区首个云计算中心获评国家绿色数据中心，这种新型数字技术的广泛应用减少了信息流动障碍、加速了要素流动、提高了供需匹配效率。高新数字产业的发展还有助于实现经济与区域之间的协调发展，占有我国1/8国土面积的西藏以数字技术为条件、以数字产业为依托、以新发展理念为指导聚力发展，数据资源的开发和利用能够极大地提升现有资源的利用率。而数字经济最大的特点就是基于互联网，而互联网的特性是开放和共享、缩小时空差距、惠及更多的人群和地区。因此，发展高新数字产业是新历史阶段激发西藏发展新动能、推进西藏开启新征程的路径选择。紧紧抓住高新数字产业发展的机会窗口，更有效发挥数字化创新对实体经济提质增效的带动作用，推动经济高质量发展，是贯彻落实习近平新时代中国特色社会主义思想，践行中央第七次西藏工作座谈会精神的重要举措，也是全面贯彻新时代党的治藏方略、建设团结富裕文明和谐美丽的社会主义现代化新西藏的关键步骤。

二、高新数字产业激活消费市场

作为新经济形态下的新产业，高新数字产业与传统产业融合将激活消费市场，带动扩大就业从而提高人民收入水平。与传统产业相比，高新数字产业具有创新性、融合性和渗透性，其产业价值在与其他传统产业的相互融合过程中得以扩大和拓展。近年来，从宏观层面上来看，数字信息产业占GDP的比重增幅趋缓，但数字产业化的比重呈现快速提升态势，反映出高新数字产业与传统产业的融合是当前和今后一个阶段数字经济发展的显著特点。就西藏的要素禀赋结构来看，受当前人力资本水平和物质资本存量的限制，除了诸如：藏语文信息技术、卫星应用、通信基础设施和服务、数字内容产业等领域外，具有知识密集性和资本密集性特点的数字信息产业缺乏繁荣发展的外部基础和需求条件。因此，不管是从数字经济发展规律，还是从西藏自身的禀赋条件来看，西藏高新数字产业的发展重点应当是着力推进高新数字产业与传统特色优势产业深度融合，充分发挥数字技术对实体经济提质增效作用，推动传统特色优势产业向数字化方向的转型发展。西藏应充分发挥生态环境优良、文化旅游资源丰富、优惠政策叠加等区位优势，以传统特色产业为依托，以建设南亚数字大通道为契机，着力推动高新数字产业与传统特色产业融合。以习近平总书记关于“加快发展数字经济，推动实体经济和数字经济融合发展”的重要指示为方向，加强信息基础建设，聚焦强政惠民兴业，抓住发展机遇，补齐人才短板，筑牢安全底线，以传统特色产业数字化发展为抓手着力推进供给侧改革、持续提高人民收入水平。

三、高新数字产业推进公共服务数字化改造

西藏作为边疆地区、民族地区和西部地区，面临着公共服务不足、社会治理水平不高、民生服务存在短板等问题，社会治理工作多、任务重、领域广。社会治理是保证西藏长期稳定发展的重要环节，将社会治理数字化转型与数字产业创新发展有效衔接，以社会治理工作数字化为引领，不断延伸数字生态链条、丰富数字生态场景。在市场监管、环境治理、防灾减灾、食品药品安全、社会信用、社保就业、农业气象、城乡建设等领域推进大数据技术的创新和应用，鼓励企业利用政府和公共服务领域开放的数据开发新应用、新服务，培育新业态、新模式，对数据价值进行深度开发和应用。围绕智慧教育服务拓展智慧校园、智慧课堂、远程教育、校园一卡通、线上资源开发、教学效果评价等数字生态链，围绕智慧健康服务拓展远程医疗、人工智能辅助诊疗、电子健康卡、智慧医保等数字生态链；

围绕智慧健康养老服务拓展数字社区、智能家居、智能安防、远程监控等数字生态链；围绕智慧交通拓展电子地图、智能立体交通网等数字生态链。以现有的数字业态为基础，不断拓展数字生态边界，从社会治理数字化入手，以“政府引导+市场主导”的方式逐步推进数字经济新业态，实现社会治理现代化和数字产业高质量发展的双赢。借力高新数字产业打造数字政府，推行数字政务，提升社会治理水平，确保社会稳定和长治久安。中央第七次西藏工作座谈会提出必须坚持“治国必治边、治边先稳藏”的战略思想，将西藏工作放在更加重要的位置，对政府工作效率和社会治理水平提出了更高要求。数字经济时代，政府数字化转型的成效直接关乎国家治理现代化的成就。数字政府建设事关全局，特别是对于边疆地区尤为重要。推动西藏政府数字化转型，对于提升社会治理水平和民众满意度、确保社会稳定和长治久安有着至关重要的作用。

四、推进产业结构升级，促进七大产业协同发展

西藏发展高新数字产业有助于推进产业结构升级，促进七大产业协同发展。当前，西藏七大产业发展前景良好，七大产业的建设也正在快车道上行驶，成为西藏经济发展的“发动机”。作为西藏七大产业之一的高新数字产业在推进产业结构升级，促进七大产业协同发展上有得天独厚的技术优势，高新数字产业正融入西藏的各行各业。比如：在与边贸物流行业结合方面，阿里巴巴与拉萨市人民政府合作运用数字技术将交通态势感知作为拉萨市首批建设项目，顺丰快递开通进入高原的全货机，京东在西藏建立本地仓实现了部分商品次日达。在与旅游文化行业结合方面，通过运用数字技术加大藏文软件的推广应用和研发力度，实施西藏文化数字化整理，推进西藏古籍数字化使之更易保存和查阅，西藏民间文艺、壁画、绘画、书法、唐卡等文化数字化使之更易传播和发扬，从而吸引更多游客。除此

之外，西藏高新数字产业还与高原生物、绿色工业、清洁能源、现代服务等产业有一定的融合空间。加强高原生物数字治理，加大污染源工业企业数字化监察力度，提高清洁能源数字化发掘，以及推进现代数字化服务。大力发展高新数字产业，以高新数字产业为核心，以其余产业为主要推动力，运用数字技术精确计算数据、高效传输信息，促进产业之间协同发展。

第五节　本书的研究思路和框架

一、本书的研究思路

本书从西藏发展高新数字产业的必要性和重要意义出发，结合国内外高新数字产业相关研究，对高新数字产业的概念进行界定，并测算出西藏高新数字产业规模。通过分析西藏高新数字产业发展面临的环境与条件，梳理出西藏高新数字产业的发展历程，并给予评价。通过分析西藏高新数字行业代表性的发展情况和典型案例，得出西藏高新数字产业发展过程中存在的问题并分析其成因，根据其未来发展的目标和重点，给出推动西藏高新数字产业发展的对策建议。主要内容有：

第一章是西藏发展高新数字产业的必要性和重要意义。本章主要分析了西藏高新数字产业的背景，结合国内环境、西藏特色，深入探讨了西藏发展高新数字产业的必要性及其重要意义，并就其发展高新数字产业的必要性进行阐述，阐明研究思路和使用的研究方法及框架。

第二章是高新数字产业的界定与规模测算。高新数字产业作为西藏“七大产业”之一，由于国内外学者对高新数字产业还未有权威准确的定义，本书对高新数字产业的定义进行了界定，在此基础上引入高新数字产业的测算方法，并对西藏高新数字产业的规模进行测算。

第三章是西藏高新数字产业发展的环境与条件。本章运用 PEST 的方法，从政策环境、社会环境、经济环境、技术环境四个方面论述西藏高新数字产业发展的环境与条件。本章认为西藏政策环境、社会环境、经济环境和技术环境等都对高新数字产业的发展提供了有利的条件。

第四章是西藏高新数字产业发展历程与发展水平评价。本章深入探讨了西藏高新数字产业发展经历的信息化、网络化以及数字化阶段，通过建立高新数字产业发展水平的评价指标体系，对西藏高新数字产业发展水平进行评价。

第五章是西藏高新数字产业发展的特点。本章发现西藏高新数字产业的发展是一个零基础的动态演进过程，内外部环境的变化推动着西藏高新数字产业驱动力、产业结构、地域分布等发生规律性变化，从而形成具有西藏特色的高新数字产业动态演进规律。

第六章与第七章是西藏代表性高新数字行业的发展情况。这两章对核心数字产业和传统产业的数字化发展状况进行分析。

第八、九、十章是西藏高新数字产业发展的典型案例。这三章引用了西藏进入新时代后高新数字产业发展的典型案例，主要包括数字政府建设、企业数字化转型以及农业数字化三方面的典型案例。

第十一章是西藏高新数字产业高质量发展的战略目标与目标任务。本章主要归纳分析了“十四五”时期西藏高新数字产业的发展目标和发展的重点，为西藏今后发展高新数字产业指明方向。

第十二章是推动西藏高新数字产业高质量发展的路径与建议。本章作为本书的最后一章，探讨数字经济时代政府治理思路的转变，就西藏高新数字产业高质量发展路径与政策给出建议，最后提出数字经济时代提升政府现代化治理水平的建议。

二、本书的研究框架分段本文基本的思路框架图（如图 1–1 所示）

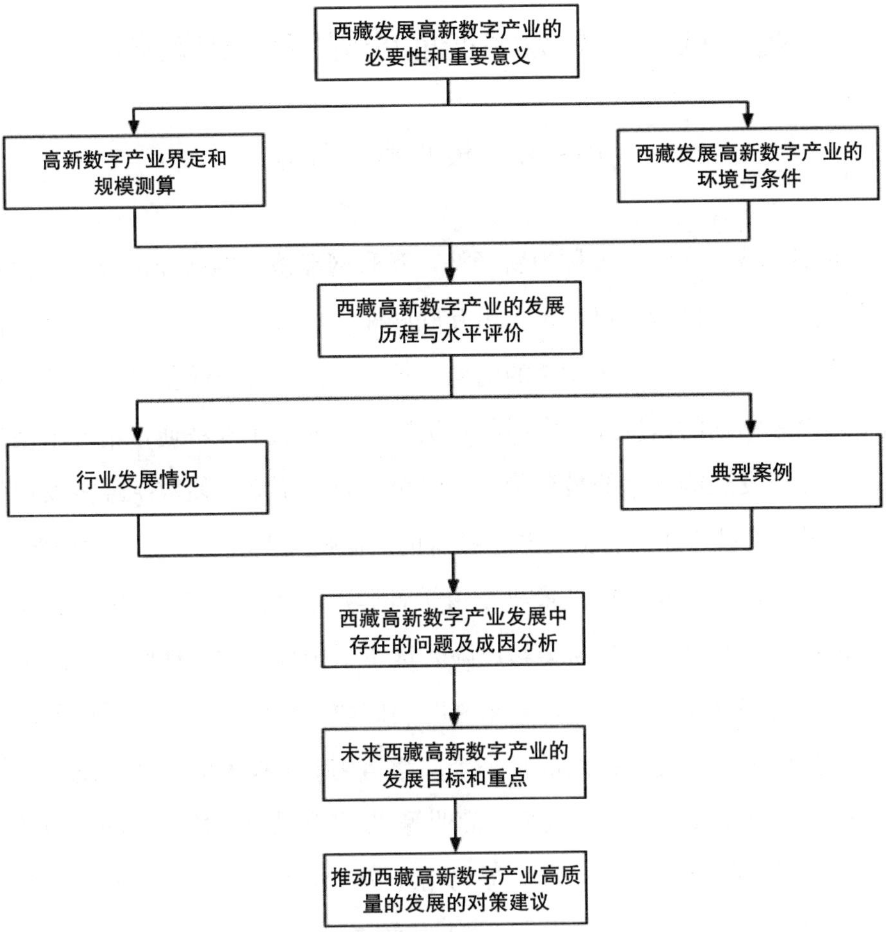

图 1–1 本文研究的思路框架

第二章　高新数字产业的界定与规模测算

第一节　核心概念界定

数字经济，有时也被称为新经济、互联网经济、网络经济或者是信息经济，但是它的内涵不仅仅包含由互联网驱动的经济活动。网络经济、信息经济也只是在数字经济发展的前期或早期阶段，即依赖信息处理技术和网络建设来驱动的信息经济发展的初级阶段，而数字经济通常情况下指的是信息经济发展能到达的最高阶段。时至今日，不断驱使数字经济发展的已经不是固有技术本身，而是数字技术的广泛使用及其自身的连续创新。

"数字经济"这一定义最早是由学者唐·塔普斯考特（1994）在《数字经济：智力互联时代的希望与风险》这本书中提出的，他阐述了经济社会是如何受到互联网的影响以及未来时期的数字经济将会由电子商务发展而来，他认为数字经济描述的是一个广泛运用 ICT 技术的经济系统，并且预测分析了数字化对政府、教育、商业等 12 个领域有可能产生的正面及其负面的影响。同年，尼古拉斯·尼葛洛庞帝（Nicholas Negroponte）首次从人类发展的角度来区分界定数字经济与传统经济的差异：由原子加工过程逐步转变为信息加工处理过程，与此同时他也提出了另外一种模式——数字化生存，即由数字化以及信息化等对人们的生存方式带来了改变而形成。作为数字经济研究的先锋，他们仍然未能在其著作中对数字经济的概念做出准确的界定与精准的描述。1997 年，日本通产省开始采用这一概念，并要求具有以下四种特征的经济业态：（1）能够实现不存在人员、资金以及物体转移的非物理移动型经济；（2）合同签署、价值转移以及财产积累均可通过电子途径完成；（3）信息通讯技术高速发展；（4）电子商务发展迅速，数字化将渐进渗入社会的方方面面。美国商务部（1998）认为可以把数字经济以及新经济看作是同一事物，以信息角度作为切入点阐述“新经济”，即经济快速增长、通货膨胀率较低和就业率较高的数字化网络经济，落脚点为“新”，认为“新经济”的本质就是信息经济对传统的农业、工业经济的一场经济革命。有人提出了数字经济中最主要的是信息，数字信息能够为研发新产品以及提供新服务创造机遇，从而产生了新的社会经济价值（V Turcan et al.，2014）。但有些学者并不赞同将数字经济看做新经济，不过他们提出了数字经济即是信息的数字化的观点，认为数字经济会给商业结构以及流程、技术等提供发展的机会，并且从根本上改变了创造价值的方式（Bryjolfson and Kahin，2000）[①]。OECD（2017a）指出，随着云计算、机器学习、远程控制、自动机器系统的出现，物联网技术逐渐成熟，使ICT与经济之间的联系大幅度增加。数字经济正在快速发展，已涉及到社会的各个方面，包括零售（电子商务）、交通（自动化车辆）、教育（大规模开放式网络课程）、健康（电子记录及个性化医疗）、社会交往与人际关系（社交网络）等领域，数字化创新以及新型的商业模式是导致社会工作方式转变的主要因素。许宪春（2020）提出数字经济是现代数字化技术与国民经济运行相结合的产物，数字经济代表着以数字化技术为基础、以数字化平台为主要媒介、以数字化赋权基础设施为重要支撑进行的一系列经济活动。

首先，从数字经济关键生产要素的角度来看，其不同于以往把土地、能源、劳动力、资本等作为农业经济与工业经济的关键生产要素，而是把富含的知识与各类信息作为关键生产要素，并演变为一种技术经济范式。数字经济在产业结构、就业、治理体系上与农业经济和工业经济呈现出显

① Bryjolfson，Brain Kahin.Understanding the Digital Economy:Data，Tools and Research [C]. Cambridge，Mass:MIT Press，2000

著差异。其次，从数字经济发展的基础与载体来看，数字经济把现代信息网络与数字平台作为载体，而不是像信息初级阶段只依托宽带与互联网等载体。最后，从数字经济发展的根本动力来看，物联网、云计算、大数据、人工智能、工业互联网以及区块链等信息通信与数字技术成为了数字经济前进的主要动力。从整体上来说，数字经济是采用经过数字化后的知识和信息作为关键的生产要素，将数字平台作为主要载体，通过对相关数字技术进行有效使用，从而促进了传统领域的数字化转型升级，实现了价值的增值以及效率的提升（腾讯研究院和工业和信息化部电子科学技术情报研究所，2017；中国信息通信研究院，2017）[①]。

数字经济是一种全新的经济形态，随着人们对数字经济认识的不断深化，众多学者与机构对数字经济的理解与定义也有差异。本书对于数字经济采用于 2016 年 G20 杭州峰会发布的《二十国集团数字经济发展与合作倡议》中的相关定义，即数字经济就是指将数字化的知识和信息作为关键生产要素、将现代信息网络作为重要载体、以信息通信技术的有效使用作为效率提升的经济结构优化的重要推动力的一系列经济活动[②]。一般来讲数字经济被划分成狭义和广义两个层次面。本书也将从核心数字产业以及传统产业数字化的两个层面来核算高新数字产业的发展以及在西藏经济的地位。狭义的数字经济是指完全或者主要由基于数字产品或服务的商业模式的数字技术所引起的那部分产出，即核心部门或者数字部门。根据 2021 年 5 月 14 日，国家统计局第 10 次常务会议通过的《数字经济及其核心产业统计分类（2021）》可知[③]，核心数字产业包含：

① 中国信息通信研究院 . 中国数字经济发展白皮书（2017 年）[R]. 2017.

② 二十国集团数字经济发展与合作倡议 [EB/OL].（2016-09-29）[2017-11-09]. http:// www. cac. gov. cn/2016-09/29/c_1119648520.htm.

③ 国家统计局 .《数字经济及其核心产业统计分类（2021）》[EB/OL]. http://www. stats. gov. cn/ tjsj/ tjbz/202106/t20210603_1818134.html，2021.

表 2-1　核心数字产业

代码			名称	国民经济行业代码及名称（2017）
大类	中类	小类		
01			数字产品制造业	
	0101		计算机制造	
		010101	计算机整机制造	3911 计算机整机制造
		010102	计算机零部件制造	3912 计算机零部件制造
		010103	计算机外围设备制造	3913 计算机外围设备制造
		010104	工业控制计算机及系统制造	3914 工业控制计算机及系统制造
		010105	信息安全设备制造	3915 信息安全设备制造
		010106	其他计算机制造	3919 其他计算机制造
	0102		通讯及雷达设备制造	
		010201	通信系统设备制造	3921 通信系统设备制造
		010202	通信终端设备制造	3922 通信终端设备制造
		010203	雷达及配套设备制造	3940 雷达及配套设备制造
	0103		数字媒体设备制造	
		010301	广播电视节目制作及发射设备制造	3931 广播电视节目制作及发射设备制造
		010302	广播电视接收设备制造	3932 广播电视接收设备制造
		010303	广播电视专用配件制造	3933 广播电视专用配件制造
		010304	专业音响设备制造	3934 专业音响设备制造
		010305	应用电视设备及其他广播电视设备制造	3939 应用电视设备及其他广播电视设备制造

代码			名称	国民经济 行业代码及名称 （2017）
大类	中类	小类		
		010306	电视机制造	3951 电视机制造
		010307	音响设备制造	3952 音响设备制造
		010308	影视录放设备制造	3953 影视录放设备制造
	0104		智能设备制造	
		010401	工业机器人制造	3491 工业机器人制造
		010402	特殊作业机器人制造	3492 特殊作业机器人制造
		010403	智能照明器具制造	3874 智能照明器具制造
		010404	可穿戴智能设备制造	3961 可穿戴智能设备制造
		010405	智能车载设备制造	3962 智能车载设备制造
		010406	智能无人飞行器制造	3963 智能无人飞行器制造
		010407	服务消费机器人制造	3964 服务消费机器人制造
		010408	其他智能消费设备制造	3969 其他智能消费设备制造
	0105		电子元器件及设备制造	
		010501	半导体器件专用设备制造	3562 半导体器件专用设备制造
		010502	电子元器件与机电组件设备制造	3563 电子元器件与 机电组件设备制造
		010503	电力电子元器件制造	3824 电力电子元器件制造
		010504	光伏设备及元器件制造	3825 光伏设备及元器件制造
		010505	电气信号设备装置制造	3891 电气信号设备装置制造
		010506	电子真空器件制造	3971 电子真空器件制造

代码			名称	国民经济 行业代码及名称 （2017）
大类	中类	小类		
		010507	半导体分立器件制造	3972 半导体分立器件制造
		010508	集成电路制造	3973 集成电路制造
		010509	显示器件制造	3974 显示器件制造
		010510	半导体照明器件制造	3975 半导体照明器件制造
		010511	光电子器件制造	3976 光电子器件制造
		010512	电阻电容电感元件制造	3981 电阻电容电感元件制造
		010513	电子电路制造	3982 电子电路制造
		010514	敏感元件及传感器制造	3983 敏感元件及传感器制造
		010515	电声器件及零件制造	3984 电声器件及零件制造
		010516	电子专用材料制造	3985 电子专用材料制造
		010517	其他元器件及设备制造	3979 其他电子器件制造 3989 其他电子元件制造 3990 其他电子设备制造
	0106		其他数字产品制造业	
		010601	记录媒介复制	2330 记录媒介复制
		010602	电子游戏游艺设备制造	2462* 游艺用品及 室内游艺器材制造
		010603	信息化学品制造	2664 文化用信息化学品制造 2665 医学生产用信息化学品制造
		010604	计算器及货币专用设备制造	3475 计算器及货币 专用设备制造
		010605	增材制造装备制造	3493 增材制造装备制造
		010606	专用电线、电缆制造	3831* 电线、电缆制造

代码			名称	国民经济 行业代码及名称 （2017）
大类	中类	小类		
		010607	光纤制造	3832 光纤制造
		010608	光缆制造	3833 光缆制造
		010609	工业自动控制系统装置制造	4011 工业自动控制系统装置制造
02			数字产品服务业	
	0201		数字产品批发	
		020101	计算机、软件及辅助设备批发	5176 计算机、软件及辅助设备批发
		020102	通讯设备批发	5177 通讯设备批发
		020103	广播影视设备批发	5178 广播影视设备批发
	0202		数字产品零售	
		020201	计算机、软件及辅助设备零售	5273 计算机、软件及辅助设备零售
		020202	通信设备零售	5274 通信设备零售
		020203	音像制品、电子和数字出版物零售	5244 音像制品、电子和数字出版物零售
	0203		数字产品租赁	
		020301	计算机及通讯设备经营租赁	7114 计算机及通讯设备经营租赁
		020302	音像制品出租	7125 音像制品出租
	0204		数字产品维修	
		020401	计算机和辅助设备修理	8121 计算机和辅助设备修理
		020402	通讯设备修理	8122 通讯设备修理
	0205	020500	其他数字产品服务业	

代码			名称	国民经济 行业代码及名称 （2017）
大类	中类	小类		
03			数字技术应用业	
	0301		软件开发	
		030101	基础软件开发	6511 基础软件开发
		030102	支撑软件开发	6512 支撑软件开发
		030103	应用软件开发	6513 应用软件开发
		030104	其他软件开发	6519 其他软件开发
	0302		电信、广播电视和卫星传输服务	
		030201	电信	6311 固定电信服务 6312 移动电信服务 6319 其他电信服务
		030202	广播电视传输服务	6321 有线广播电视传输服务 6322 无线广播电视传输服务
		030203	卫星传输服务	6331 广播电视卫星传输服务 6339 其他卫星传输服务
	0303		互联网相关服务	
		030301	互联网接入及相关服务	6410 互联网接入及相关服务
		030302	互联网搜索服务	6421 互联网搜索服务
		030303	互联网游戏服务	6422 互联网游戏服务
		030304	互联网资讯服务	8610* 新闻业 6429* 互联网其他信息服务
		030305	互联网安全服务	6440 互联网安全服务
		030306	互联网数据服务	6450 互联网数据服务
		030307	其他互联网相关服务	6429* 互联网其他信息服务 6490 其他互联网服务

代码			名称	国民经济 行业代码及名称 （2017）
大类	中类	小类		
	0304		信息技术服务	
		030401	集成电路设计	6520 集成电路设计
		030402	信息系统集成服务	6531 信息系统集成服务
		030403	物联网技术服务	6532 物联网技术服务
		030404	运行维护服务	6540 运行维护服务
		030405	信息处理和存储支持服务	6550 信息处理和存储支持服务
		030406	信息技术咨询服务	6560 信息技术咨询服务
		030407	地理遥感信息及测绘地理信息服务	6571 地理遥感信息服务 7441 遥感测绘服务 7449 其他测绘地理信息服务
		030408	动漫、游戏及其他数字内容服务	6572 动漫、游戏数字内容服务 6579 其他数字内容服务
		030409	其他信息技术服务业	6591 呼叫中心 6599 其他未列明信息技术服务业
	0305		其他数字技术应用业	
		030501	三维（3D）打印技术推广服务	7517 三维（3D）打印技术推广服务
		030502	其他未列明数字技术应用业	
04			数字要素驱动业	
	0401		互联网平台	
		040101	互联网生产服务平台	6431 互联网生产服务平台
		040102	互联网生活服务平台	6432 互联网生活服务平台
		040103	互联网科技创新平台	6433 互联网科技创新平台

代码			名称	国民经济 行业代码及名称 （2017）
大类	中类	小类		
		040104	互联网公共服务平台	6434 互联网公共服务平台
		040105	其他互联网平台	6439 其他互联网平台
	0402		互联网批发零售	
		040201	互联网批发	5193 互联网批发
		040202	互联网零售	5292 互联网零售
	0403		互联网金融	
		040301	网络借贷服务	6637 网络借贷服务
		040302	非金融机构支付服务	6930 非金融机构支付服务
		040303	金融信息服务	6940 金融信息服务
	0404		数字内容与媒体	
		040401	广播	8710 广播
		040402	电视	8720 电视
		040403	影视节目制作	8730 影视节目制作
		040404	广播电视集成播控	8740 广播电视集成播控
		040405	电影和广播电视节目发行	8750 电影和广播电视节目发行
		040406	电影放映	8760 电影放映
		040407	录音制作	8770 录音制作
		040408	数字内容出版	8624 音像制品出版 8625 电子出版物出版 8626 数字出版

代码			名称	国民经济 行业代码及名称 （2017）
大类	中类	小类		
		040409	数字广告	7251 互联网广告服务
	0405		信息基础设施建设	
		040501	网络基础设施建设	4851* 架线及设备工程建筑 4910* 电气安装
		040502	新技术基础设施建设	4851* 架线及设备工程建筑 4910* 电气安装
		040503	算力基础设施建设	4790* 其他房屋建筑业 4851* 架线及设备工程建筑 4910* 电气安装 4999* 其他建筑安装
		040504	其他信息基础设施建设	
	0406	040600	数据资源与产权交易	7213* 资源与产权交易服务
	0407		其他数字要素驱动业	
		040701	供应链管理服务	7224 供应链管理服务
		040702	安全系统监控服务	7272 安全系统监控服务
		040703	数字技术研究和试验发展	7320* 工程和技术研究和试验发展

广义的数字经济——数字化经济（Digitalized Economy），涵盖全部基于数字技术的经济活动，即除了狭义的数字经济外，还包括工业 4.0、精准农业、电子商务等，是数字技术与其他传统产业融合的产物。

第二节　高新数字产业规模的测算方法

随着社会科学技术的飞速发展，高新数字产业已在众多国家站稳脚跟，与之相关的数字经济发展规模的衡量技术、在此背景之下与之相关的宏观层面的统计研究已经成为世界上众多国家中重点的研究方向。但各研究方对数字经济测度的研究方法、内容和成果不尽相同，故本部分内容对相关研究情况进行梳理，其目的就是为了能站在巨人的肩膀之上，对数字经济产业进行更加全面的了解和学习，为本书接下来的测算环节做好理论工作，打下良好的坚实基础。

一、国外数字经济测度研究

（一）英国对数字经济的研究

英国最早在数字经济测度方面研究使用的方法较为陈旧，那是一种通过 14 个四位数组合而成的 SIC2007 代码，其中“数字技术产业”中包含了计算机编程、计算机制造和游戏开发等；将 14 个四位数代码中的 11 个 SIC2007 代码称之为“数字技术职业”。但按此统计计算会使得数学技术经济的真实规模有所低估，其主要原因是数字经济发展十分庞大的一些单位、企业的相关数据无法被划分到 SIC 代码之中，而官方数据（如国家统计局的年度商业调查）覆盖未注册的微型企业比较有难度。拿行政记录业务数据库（BSD）来说，这种通过操作较大规模的公共数据集经常会由于技术方面的问题而导致数字公司的大部分流失（UK Government, 2010），由于数字经济与现实市场中的经济活动有较大差异，在测算过程中会错误地将软件、建筑活动和工程等方面的企业忽视掉，早期 SIC 编码在此方面就存在较大问题。

由于早期 SIC 编码存在种种问题，所以英国改善了对数字经济测算的方法，在众多的新测度方法中主流的是将规模测算分成两块，然后分别来定义：“信息通信技术”和“数字内容”。“信息通信技术”中包含了众多内容，比如：以宽带网络为代表的通信技术；以销售、安装和维修为代表的相关服务业生产部门；以计算机和服务器为代表的硬件、软件等。而

"数字内容"的含义比较复杂，可以细分为：（1）核心内容产业，其输出内容多数是以食品、电子书为代表的数字化内容；（2）嵌入式内容产业，这种嵌入式内容产业主要是针对离线后的产品以及离线后的服务两方面，其应用范围较为广泛，其中涵盖了建筑业中被大量应用的计算机辅助设计；（3）数学内容分销商（如广播网）。在英国国内较为先进的测算方法里，研究者把数字经济的研究内容局限在完全生产或者主要生产数字化产品及相关服务的产业之中，通过使用最先进的核算手段对其进行计算，采取新方法对数字经济进行估计可发现，其估算出来的规模要远远超过采用传统方法估计出来的经济规模（Business，Innovation and Skills Committee，2016）。

（二）美国对数字经济的研究

美国在数字经济规模测度方面的研究先于我国。早在1998年，美国在经济领域发表的一份报告中就曾指明电子商务以及信息技术（简称IT）对国家的经济发展有较大影响。而在1999年，美国国家统计局对此报告的内容进行了更新，增加了信息技术应用领域对促进国家经济发展的影响，这份新报告为信息技术的投入促进生产水平的提高提供了官方的理论依据。美国连续两年发表的报告都是以电子商务和信息技术这两部分来对数字经济进行计算的，从侧面对数字经济的影响程度进行了衡量。美国第一个数字经济框架的建立是在该人口普查的过程中建成的，这个框架在一定程度上限制了数字经济的核算范围，使其只能核算电子商务的交易、流程和基础设施，该框架做得比较好的方面是它同时提供了相应方法的数据收集攻略，这就大大增加了该领域内数字经济的可实现性（Mesenbourg，2001）。2016年，美国商务部牵头设立了第一届数字经济顾问委员会，在会上提出了对数字经济测度的四个方面，其中包括了经济活动过程中受到的数字化影响、数字化对于国民生产总值和社会生产率的促进作用、数字化应用范围、数字化活动促成的新型领域（Digital Economy Board of

Advisors，2016）。2018 年，美国经济分析局发布过一项研究结果，在与传统意义的生产过程比较之下，将数字经济应用到基础设施、数字化媒体和电子商务等多个领域后将会大大促进经济的发展。比如：在 2006–2016 年这十年间，美国的数字经济年平均增加率达到了 5.6%，这个数字已远远超过了总体经济增长率 1.5% 这一数值，而且在 2016 年的国民生产总值中有 6.5% 的比例是数字经济增加值（Barefoot.et al，2018）。

（三）OECD 对数字经济的测度

关于数字经济的测度，OECD（2014）发布的《测度数字经济——一个新视角》（Measuring the Digital Economy：A New Perspective）研究中提出，当前大部分地方仍然采用的是企业业绩中的通信技术所占比例为衡量标准，这项标准没有包含在衡量社会影响和在社会贡献中所占的比例数据。为了弥补这项缺失，以便于今后更加方便地测度互联网和通信技术在日常生活中的作用，以及观测其在就业及经济发展上的贡献度，这份研究包含了传统意义上用于观测信息社会的指标，还加上了具有实验性的指标，一方面不断强调测度的差距，另一方面推进了测度方案的执行。这份报告主要在五个方面对数字经济社会化的发展进程做了研究：数字经济的发展现状、就业、创新、智能化基础设施建设和赋权社会。

二、国内数字经济测度研究

国内关于数字经济测度方面研究起步较晚，但也出现了众多研究成果。其中就有些学者使用增加值的方法来对数字经济进行规模测算。康铁祥（2008）[①] 在总结国内外众多学者在数字经济方面成果的基础上，对数字经济做了一个定义：在数字技术为基础的经济活动中独立出来的一种经济活

① 康铁祥 . 中国数字经济规模测算研究 [J]. 当代财经，2008，（3）：118–121.

动形态。康铁祥将数字经济的基础产业分成了八个大类以及连带的众多二级分类（详细内容见下表 2–2）。在对数字经济的分类之下他分别对美国商务部的数字经济核算体系和马克卢普的知识产业内容计量体系进行了学习和借鉴，再结合我国的实际国情建立了一种专门适用于我国数字经济规模测算的方法，在原有统计数字产业增加值的前提下加入非数字产业的数字活动，最终我国的数字经济规模总值包含了两个部分，分别是数字辅助活动增加值和数字产业增加值。尽管康铁祥的理论较为成熟，但是在计算两项增加值的过程中缺少一套权威的测算方法，导致不同学者的测算结果不一致从而失去权威性，这个方法也就无法完全用以衡量我国数字经济发展的真实水平。

表 2–2　数字经济产业分类

数字产业	产业内容
通信设备制造业	通信设备 通信终端设备 通信交换设备制造等
软件及计算机服务业	软件业 数据处理 计算机设备管理 计算机维修 其他计算机相关服务
其他通信、电子设备制造业	其他通信设备制造 电子设备制造
电信和其他信息 传输服务业	移动及固定通信 互联网信息服务 广播电视传输服务 卫星传输服务
计算机整机制造业	电子计算机整机制造
其他计算机设备制造业	计算机网络设备制造 电子计算机外部设备制造

电子元器件制造业	电子器件制造 印刷电路板制造 电子元件及组件制造
家用视听设备制造业	家用影视设备制造 家用音响设备制造

资料来源：康铁祥．中国数字经济规模测算研究 [J]. 当代财经，2008（3）.

中国信通院[①]在 2017 年使用生产法对数字经济进行了测算，将数字经济中的信息通信产业划分为直接贡献和间接贡献两种，其中直接贡献的衡量标准是看信息技术产业增加值在国民生产总值中所占的比例，间接贡献的衡量标准是看信息技术在应用于传统产业后诱发的增加值占国民生产总值的比例。对于直接贡献部分的测算采用统计核算方法，主要是将电子信息制造产业、信息通讯服务业和软件产业三者的增加值进行加总求和。对于间接贡献的测算则是采用与投入产出相关联的计算方式，详细来讲就是根据投入产出表中各个行业 ICT 的实物产出以及服务产出与行业产出的对应关系，将国内多个行业的数字技术应用对该行业总产出的驱动效果进行计算。根据这套测算标准我们发现，在 2017 年我国数字经济在国内生产总中值的占比就已经超过了半数，达到 55%，这也向我们证明了数字经济已经成为了近些年来驱动我国经济迅速发展的主要力量。从所占比例和绝对值两个角度可以发现，我国数字经济已经赶上了部分发达国家的发展水平，在数字经济对我国 GDP 的强大推动作用下，数字经济在国家经济发展中的地位也在不断上升（中国信息通信研究院，2017）。

国内的学者和机构对于相关内容的研究不仅仅局限于直接测算法这一种，还有相当多的学者会采用综合指标法来对数字经济规模进行间接的测度。其中就有 2017 年赛迪顾问公司发布的一份报告《2017 年中国数字经济发展指数报告》，该报告的核心观点认为在当前数字技术迅速发展并产

① 中国信息通信研究院．中国数字经济发展白皮书（2017 年）[R]. 2017.

生的各种新的经济活动总和才成为数字经济。这些活动有较广泛的覆盖范围，囊括了以往传统产业经过深度融合所带来的经济增长，数字化要素所引起的经济增长，以及伴随数字化的发展所产生的众多新行业、新技术、新产品以及新模式。该报告还对数字经济进行了分类，包括了资源型、服务型、基础型、技术型以及融合型等五类数字经济。其中资源型数字经济主要分析的是数字资源的利用情况；服务型数字经济反映的是数字服务方面消费的表现；基础型数字经济反映的则是以智能化为依托的基础设施建设相关状况；技术型数字经济反映的主要是数字技术的投入以及产出的状况；融合型数字经济反映的是传统产业与数字技术相互融合、共同作用对经济的促进作用。这份报告在对数字经济分类的基础之上又提出数字经济的发展指数，同样是对五大类的指数进行测算，衡量每一类数字经济的发展状况（赛迪顾问公司，2017）①。在完成第一步分类和第二步测算后，通过邀请专家在综合考察下对每一个分类都给出得分，使用层次分析法对其权重进行处理。以上述方法为依据对我国每一个省份的数字经济发展状况进行评价并给出最后的得分，根据结果提出适用于每一个省份发展的建议（赛迪顾问公司，2017）。

《中国“互联网 +”数字经济指数报告（2017）》与赛迪顾问公司发布的报告所使用的方法相同，同样采用了建立指标的方法来测算数字经济发展水平，但是与之不同的地方在于中国“互联网 +”的这份报告是通过计算数字经济与就业、GDP 在变动一单位情况下的促进作用。该报告同样对数字经济进行了分类处理，共分解成智慧民生指数、产业分指数、基础分指数以及双创分指数四个部分，细化为 26 个指标。智慧民生指数中则包含了服务得分、用户的回头率、重点行业种类的数量、服务项目价值分、用户评价分数、以及用户按月份的活跃程度这六个大的一级指标；

① 赛迪顾问公司 .2017 年中国数字经济发展指数（DEDI）[R].2017-9-14

基础分指数则是由云计算平台上的四个二级指标、QQ 上的十五个二级指标、微信上的七个二级指标和数字内容产品的五个二级指标构成；双创分指数里面包含 APP 的数量以及有效创业项目。观察计算的结果我们可以发现在 2016 年我国的数字经济发展势头较为良好，数字经济所带来的经济增长量就达到了 22 万亿元，在 GDP 中的占比达到了 30.61%。数字经济良好发展的势头也给各个地区的经济发展产生了促进作用，从全国的角度来看 31 个省（市、自治区）的城镇失业率均值下降 0.1% 左右，而且在就业方面创造了 280.17 万个就业岗位，额外增加的就业人员所占比例就达到了 21.32%，就业状况得到了极大改善。除了上述方面的改变，这份报告还对 2016 年我国数字经济在纵向和横向两个角度的发展状况做出了分析（腾讯研究院，2017）[①]。

也有一些学者从信息技术发展的角度对数字经济进行了研究。靖继鹏（2003）[②] 细致学习波拉特的方法之后以吉林省的信息化产业发展数据来分析、计算，结果显示该方法并不完全契合我国的现实情况，无法对国内的信息化水平做出科学计算。为了解决这个现实问题靖继鹏在定性和定量研究的基础之上建立了一个新的方法——总和信息产业力度法。其主要内容是首先通过层次分析法从信息资源利用力、信息产品开发力、信息产业生产力、信息资源流通力、信息产业平衡力、信息产业发展的潜在力六个方面建立指标，对信息产业的发展状况做了详细的研究。此方法结合了多种理论知识，综合了众多学者的研究成果，具有较高的动态性和开放性，这对在未来充实和完善我国在信息技术方面的测算手段，促进经济发展等方面有着重要的理论与现实意义。

根据上述总结可以发现国内学者对数字经济的研究成果丰硕，其方向

---

① 腾讯研究院 . 中国“互联网 +”数字经济指数（2017）[R]. 腾讯研究院网站，2017-4-20.

② 靖继鹏，马哲明 . 信息经济测度方法分析与评价 [J]. 情报科学，2003，（8）.

可以大致分为增加值测算研究、构建卫星账户研究、国民经济核算相关方法论研究、相关指数编制研究等。

三、国民经济核算相关方法论研究

OECD、世界银行（WB）、欧洲经济共同体委员会（EC）以及国际货币基金组织（IMF）对《国民账户体系（2008）》（2008 年 SNA）中存在的涉及数字经济的众多问题进行了完善以及修订。OECD（1996、2011、2012 和 2015）提出了众多测算框架，包括互联网经济、知识经济、数字经济以及信息经济等；有关学者认为，从概念的角度，GDP 已经捕获了数字经济活动及其创造的增加值（Ahmad and Schreyer，2016），数字经济的漏统不是劳动生产率增速下降的唯一原因（Ahmad et al.，2017）；Diewert and Fox（2016）定义了福利测度的框架，关注数字化产品与福利变化的影响；也有一批学者对免费数字内容核算方法展开了较系统的研究（Brynjolfsson and Oh，2012；Leonard et al.，2016；Brynjolfsson et al.，2017）[①]。国内学者提出了信息产业相关的投入产出模型（贺铿，1989；王中华，1989）；指出网络经济不仅仅是产业层面的经济，并提出国民消费总值（GNC）的测算方法（杨仲山，2002）；在知识产业发展过程中衍生出了相关行业，对知识经济测算的方法进行了系统的研究（魏和清，2005）；较为系统、全面地对互联网经济以及信息经济等新型经济的测度方法进行了整理以及比较（张美慧，2017）；从消费、投资和进出口三个角度详细地分析了数字经济对名义产出水平核算带来的挑战，总结了数字经济对物价指数核算的挑战，提出了数字经济与相关国民经济核算研究的潜在方向（续继和唐琦，2019）；对于在新时代我国经

① Leonard N，J. Samuels，and R. Soloveichik. Valuing ‘Free’ Media in GDP：An Experimental Approach[EB/OL].https：//www.bea.gov/research/papers/2017/measuring -free -digital -economy -within -gdp -and -productivity -accounts，2016.

济社会统计工作中存在的众多重点研究领域进行了全面、系统的研究，从新经济概念界定和行业分类、新经济增加值核算内容、新经济统计调查方法、新经济就业与收入统计、测算等方面详细地对新经济统计的理论以及方法进行了研究，并从经济、社会、环境等角度分析了大数据在中国绿色发展中可以发挥的作用（许宪春等，2019a 和 2019b）。

四、增加值测算研究

对于增加值测算方面的研究，Porat（1977）和 Machlup（1962）创建了对于信息经济增加值以及知识经济相关测算的研究方法。近年来，伴随数字经济的快速发展及其促进经济增长的作用日益增强，有关国际组织、一些国家政府统计机构、有关学者开展了大量的相关研究。在世界数字经济领域美国经济分析局将数字经济的范围进行了界定和划分，利用供给使用表对美国数字经济增加值和总产出等规模进行了测算研究(Barefootetal.，2018；BEA，2019）[①]；澳大利亚统计局（ABS）借鉴 BEA 的测算方法，对澳大利亚数字经济增加值及其对整体经济的贡献程度进行测度（ABS，2019）[②]；新西兰统计局在借鉴 OECD 数字经济概念框架的基础上测算得出，在 2007–2015 年的 9 年间，新西兰在数字订购产品方面的产出在国民经济总产出中的比例达到了 20%（Stats NZ，2017）[③]；加拿大统计局测算

① BEA. Measuring the Digital Economy： An Update Incorporating Data from the 2018 Comprehensive Update of the Industry Economic Accounts[EB/OL].https//www. bea. gov/ system/ files/ 2019–04/ digital – economy–report–update–April–2019_1.pdf，2019.

② ABS. Measuring Digital Activities in the Australian Economy [EB/OL]. https：//www.abs.gov.au/websitedbs/D3310114.nsf/home/ABS +Chief +Economist +–+Full +Paper +of +Measuring +Digital +Activities +in +the +Australian +Economy，2019.

③ Stats NZ . Valuing New Zeland ‘ s Digital Economy [EB / OL] . http:/ / www . oecd . org / official documents /public display document pdf/ ?cote=STD/CSSP/WPNA（2017）3&doc Language=En，2017.

显示，超过一半的人口在 2017-2018 年购买了音乐和视频下载以及流媒体服务（Statistics Canada，2018）[①]。一些国际咨询公司也对部分国家的数字经济增加值及其对 GDP 的贡献进行了测算（Knickrehm et al.，2016；Dean et al.，2016）。在国内领域，一些学者在学习和使用 Machlup-Porat 测算方法的基础之上对我国在 2002-2005 年 4 年间的数字经济发展状况进行了计算（康铁祥，2008）；中国信息通信研究院（2019）[②] 另辟蹊径，在产业数字化、数字化治理以及数字产业化这三个方面对国内的经济发展规模进行研究和计算；也有一些研究人员在学习 OECD 数字经济的基础之上，对于中国国内数字经济发展所带动的诸如：电子商务、数字促成产业的增加值进行了相关计算（向书坚和吴文君，2019）。从总体来看，由于国内外对于数字经济增加值的测算都没有一套统一的方法，导致了不同学者的分析结构存在差异，其中澳大利亚、加拿大和新西兰等国家已经通过使用 BEA 对数字经济增加值的计算方法以及 OECD 数字经济研究框架计算得出了具有价值的建议。

五、相关指数编制研究

在数字经济指标化的研究领域，小松崎清介等（1994）采用的是“信息化指数”这个全新的指标去做研究，在此基础之上国际上许多机构、组织和学者都开展了众多数字经济相关问题的研究。

美国信息技术与创新基金会（ITIF）经过多年的努力研究编制出了一套全新的指标体系用以衡量经济发展状况（ITIF，2014）；OECD（2007，2014）将数字经济和 ICT 相连接并构建了指标体系；欧盟统计

① Statistics Canada. Results from the Digital Economy Survey [EB/OL].https：//www150. statcan.gc. ca/n1/pub/11-627-m/11-627-m2018028-eng.htm， 2018.

② 中国信息通信研究院 . 中国数字经济发展与就业白皮书（2019 年）[R]. 2019.

局（Eurostat）编制出了数字经济与社会指数（Digital Economy and Society Index，DESI），DESI 则成了衡量欧盟每个国家数字经济发展状况好坏的一个重要的平台（Eurostat，2017）；WB 编制了知识经济指数（Knowledge Economy Index，KEI），KEI 研究覆盖的国家数量达到 146 个（WB，2010）①；有学者在 KEI 数据和估计方法的基础上构建了数字知识经济指　数（Digital Knowledge Economy Index，DKEI，Ojanpera and Graham，2017）。在国内，有许多学者采用信息化指数方法来测度中国信息化的发展水平(靖继鹏和王欣,1993; 杨京英等,2005),中国信息通信研究院(2017)对数字经济指数的编制（Digital Economy Index，DEI）可以达到准确地计算和反映数字经济发展过程中的众多趋势。近几年，部分学者构建了国家数字竞争力这一项具有重大意义的指标，并使用该指标对 2018 年世界上主要强国的数字经济水平进行了比对（吴翌琳，2019）。

六、构建卫星账户研究

卫星账户构建方面的研究，部分国家的相关统计机构和一些国际组织以及众多该领域的学者都开展了构建数字经济卫星账户（Digital Economy Satellite Account，DESA）以及 ICT 卫星账户的深入研究。在国际上，澳大利亚统计局（ABS，2006）、智利统计局、南非统计局已经建立了 ICT 卫星账户；马来西亚统计局 2009 年开始编制 ICT 卫星账户，2011 年在 ICT 卫星账户的基础上引入一系列辅助指标，共同构成马来西亚数字经济卫星账户；OECD 设立了数字经济下的 GDP 测算咨询组（Advisory Group on Measuring GDP in a Digital Economy），并构建了两个新的框架：数字

① WB . Knowledge Economy Index [EB / OL] . https : / / www . worldbank . org / en / search ? q = knowledge + economy +index&currentTab=1，2010.

经济卫星账户基本框架以及数字贸易维度框架，并尝试性编制DESA的供给使用表（OECD，2017）；Barefoot et al.（2018）界定了数字经济范围，并基于供给使用表对美国数字经济规模进行测算，为美国数字经济卫星账户的构建奠定了基础。在国内，屈超和张美慧（2015）提出了构建ICT卫星账户的构想；杨仲山和张美慧（2019）系统研究了中国数字经济卫星账户的编制问题，并构建了数字经济静态总量指标与数字经济直接贡献指标。

相较于增加值测算和相关指数编制的方法，数字经济卫星账户能够反映国民经济各行业从事数字经济特征活动的情况，这对于准确计算数字经济对一国或一个地区经济发展贡献度以及数字经济的实际发展状况较为可行。但是当前国内外所有的研究领域对于数字经济卫星账户的理论加实践的研究仍处于不成熟的阶段，加上对于相关统计数据缺失的限制，在宏观层面实现数字经济卫星账户编制难以实现。OECD①（2018）建议，现阶段可以先计算数字经济产业的增加值来反映数字经济发展规模，为数字经济卫星账户的实践编制奠定研究基础。对数字经济增加值进行测算的代表性研究成果是BEA的研究（Barefootetal.，2018；BEA，2019）②，为美国数字经济卫星账户的建立奠定了基础，ABS③（2019）也借鉴BEA的测算方法对澳大利亚数字经济增加值进行测算，可见BEA的测算方法具有一定的可借鉴性，通过该方法测算得出的数字经济增加值和结构也将具有较强的

① OECD. A Proposed Framework for Digital Supply –Use Tables [EB/OL]. http：//www.oecd.org/official documents/public display document pdf/?cote=SDD/CSSP/WPNA（2018）3&Doc Language=En， 2018.

② BEA. Measuring the Digital Economy： An Update Incorporating Data from the 2018 Comprehensive Update of the Industry Economic Accounts[EB/OL].https://www.bea.gov /system/files/2019–04/digital–economy–report –update–April–2019_1.pdf，2019.

③ ABS. Measuring Digital Activities in the Australian Economy [EB/OL]. https：//www.abs.gov.au/websitedbs/ D3310114.nsf/home/ABS +Chief +Economist +–+Full +Paper +of +Measuring +Digital +Activities +in +the +Australian +Economy，2019.

国际可比较性。

第三节　西藏高新数字产业的规模测算

现存的用以核算数字经济的方法大部分是对数字经济相关行业的输出进行计算分析得出的。这些传统的方法所采用的计算范围通常只涵盖软件和通讯行业、ICT 硬件、部分在信息技术的影响之下衍生出的众多新行业，其中大数据、互联网金融、云计算、物联网等这些数字经济的基础部分就包含在内，而那些传统产业在信息技术的变革之下导致的生产质量提升、生产效率加快所带来的经济增加值却没有包含在其中，这种数据遗漏会对信息经济规模的估算产生严重影响。

我们为更好地对西藏的数字经济发展状况进行精确计算，并解决对数字经济规模测算过程中无法将传统行业增加值带入其中的问题，因此将使用以增长核算框架为基础的方法对数字经济进行规模测算[①]。此方法可以对数字经济的融合部分以及基础部分进行相关计算，其中对于数字经济融合部分采取以生产函数为基础来对增长框架进行构建的方法进行间接的测算，而对于数字经济基础部分可以使用国民经济发展过程中行业的增加值加总法来进行间接测算，最后将得到的两部分数值进行加总求和来得出数字经济的规模总量。采取这种将数字经济一分为二的间接测算方式不仅可以解决现存的测算技术固有的计算范围较狭窄的老问题，还可以保证现存测算方法、测算技术得以完好保留，使得数字经济在未来的计算当中达到更加准确、更加合理的目的。

---

① 基于增长核算框架的数字经济测算方法 .[A/OL].（2019-09-13）[2010-02-22]. https://www. doc88. com / p-33347796066155.html

一、基础部分测算

数字经济的基础部分主要由电子信息传输服务、电子信息设备制造、电子信息设备销售和租赁、计算机服务和软件业与其他信息相关服务构成，以及由于信息技术的广泛融合渗透所带来的包括云计算、物联网、大数据、互联网金融等新兴行业。当部分基础数据获取有难度时，其数据可按照国民经济统计体系中对硬件、通讯和软件相关行业的增加值按公式（1）直接测算，其中基础数据摘选自国民经济统计数据，其所采用的测算公式如下：

$$F(J)=\sum_{1}^{n} J_n \tag{1}$$

式中，$F(J)$ 表示基础部分增加值，J_{n} 表示与ICT相关的各行业增加值。

二、融合部分测算

涵盖通用目的技术的所有特征的数字技术，通过对传统产业的广泛融合和渗透将对传统产业产出的增加和生产效率的提高具有十分重要的现实意义。此外，通过将各传统产业中数字技术的贡献部分剥离出来直接加总将会得到传统产业中的数字经济总量。

（一）构造增长核算框架

对于数字经济规模测算的首要任务是构建增长核算框架，按照数字经济的定义及数字经济的传导途径，假设经济体存在总生产函数规模报酬不变，劳动 L 与资本存量 K 是其主要生产要素，则可以将资本存量分成两类：一类是数字资本，由狭义的数字经济构成要素包括硬件、软件和通讯设备的ICT决定，表示为 K_{ICT}；一类是包括厂房、土地等固定资产的非数字资本，由国民经济统计要素决定，表示为 K_N，经济产出则为经济增加值，表示为 Y。

在生产函数中将技术进步设定为希克斯中性，表示为参数 A，将以上所述要素代入柯布一道格拉斯生产函数为：

$$Y = Af(K_{ICT}, K_N, L) = AK_{ICT}^{\alpha} K_N^{\beta} L^{\gamma} \tag{2}$$

式中，分别表示为各生产要素的产出弹性，而且当规模效应固定时，各生产要素的产出弹性之和为 1，即 $\alpha + \beta + \gamma = 1$。鉴于在增长核算框架下还需确定相应的劳动投入指标及总产出指标，本文选择以年末就业人数作为劳动投入的数量指标，选取劳动者报酬作为劳动投入的价值指标，衡量总产出的指标则使用增加值。

对公式（2）作对数化处理并进行全微分，由此得到以下的经济增长方程：

$$\frac{\Delta Y}{Y} = \alpha \frac{\Delta K_{ICT}}{K_{ICT}} + \beta \frac{\Delta K_N}{K_N} + \gamma \frac{\Delta L}{L} \tag{3}$$

各生产要素的资本存量增长率和产出弹性是测度数字经济对经济增长的贡献的先决条件，并且生产要素的产出弹性等于资本收入占 GDP 的比重是其前提条件，故首要任务是对资本存量进行度量，然后再对产出弹性进行间接测算，从而得出数字经济对经济增长所作的贡献率。

$$\left(\alpha \frac{\Delta K_{ICT}}{K_{ICT}}\right) \Big/ \left(\frac{\Delta Y}{Y}\right) \tag{4}$$

式中，α 为 ICT 资本的产出弹性，Δ 表示资本的增量。

（二）测算资本存量

现阶段就数字经济资本存量测算这一问题还没有达成一致，且在国民经济统计中也未将数字产业单独划分出来，故而暂时无法直接获得相关数字经济资本存量的统计数据。国内外在资本存量的估算方面已有大量的研究文献，现阶段机构和学者最常用的是 1951 年 Goldsmith 开创的永续盘存法（PIM）。PIM 的核心关键假设是使用相对效率几何下降的模式，此情况下重置率是常数，对于生产性资本存量的估计公式可用公式（5）表示因其理论方面的相对简化，故在资本存量的估算中几何相对效率的模式被广泛运用，且折旧率和重置率在此模式下是相同的。因此本文采用目前国际上主流的永续盘存法，来测算前文所提到的与数字经济相关的资本存量。

测算模型与方法，通常情况下永续盘存法用以下公式来表示：

$$K_t = \sum_{\tau=0}^{\infty} d_t I_{t-\tau} \tag{5}$$

在公式（5）中，K_t 表示第 t 年的资本存量，d_τ 表示投入服务年数为 τ 时，投入资本的加权数，它代表了在不同服务期投入资本的相对生产效率；$I_{t-\tau}$ 为第 $t-\tau$ 年的实际投资额。若用折旧率 δ_t 替代相对效率 d_τ，就可以得到永续盘存公式：

$$K_t = K_{t-1}(1-\delta_t) + I_t \tag{6}$$

公式（6）中的 δ_t 代表资本价值的损失，以此用来反映资本效率的衰减。如果等到投入品到期时，那么就将会一起退出服务。在此情形下，“时间—价格”模式和“时间—效率”模式可被看作是具有相等效果的，而通过该公式计算得到的资本存量通常情形下是财富存量，这是一种净资本存量，用以表示其总资本市场的价值情况。

因早先投入使用的资本品其使用年限的增加会伴随着磨损老化等问题的出现，从而会催发其效率相对于新资本品的下降，这种资本品随着服役年限的逐渐增加而导致其效率下降的模式被称为“时间—效率”模式。而资本品在随着使用年限不断增加的情况下其相对价格也在不断发生着变化，这种变化一般被称之为“时间—价格”模式，而且“时间—价格”模式通常可由“时间—效率”模式推导而来。

若基于“永续盘存法”来考虑“时间—效率”模式与“时间—价格”模式的差异，也就是说把资本投入到生产后，其相对生产效率的降低并不完全等同于市场价值的损失，那么基于此情况下测算得到的就是生产性资本存量。由于生产性资本存量反映的是总资本服务水平的整体情况，因此它更贴合生产理论中资本投入的概念。

对于生产性资本存量的折旧则需设定“退役模式”和“时间—效率模式”。若用$h_{i,x}$代表第i个投资品在第x年的使用效率，借鉴参考OECD的资本估算手册，通常将资本品的“时间—效率”模式设置为双曲线模型来阐述各类资本品的生产效率相关变化，即：

$$h_{i,x}=\frac{T_i-x}{T_i-\beta x} \tag{7}$$

式（7）中的T代表了投入资本其最大使用年限，x表示资本品已使用的时间，参数β（$\leqslant 1$）对函数的样态起决定作用。在起初阶段资本品的效率衰减速度较慢，而在服役末期却会迅速下降，并且β值越高其效率损失越慢。

在使用永续盘存法的基础上，考虑“退役模式”和“时间—效率”模式，可将资本存量表示为：

$$K_{i,t}=\sum_{x=0}^{T}h_{i,x}(1-F_i(x))I_{i,i-x} \tag{8}$$

在该式中，$K_{i,t}$代表了在第t年的第i个投资品的资本存量，$h_{i,x}$代表在第x年第i个投资品的使用效率，$I_{i,t-x}$代表在$t-x$年第i个投资品的投资额，$F_i(x)$代表第i个投资品的退役概率。

1. 数据来源的筛选

由于在西藏涉及数字产业的详细统计较少，于是我们通过对其他行业数据的组织整理得到西藏的统计体系，其中与数字经济有关的投资数额来源于各年度的《西藏统计年鉴》。因为资料的不同还会产生误差与缺陷，所以要综合考量、谨慎使用。例如：若将统计年鉴中的数据与投入产出表中的“固定资产形成总额”相比，资本存量口径则较大，这是因为统计年鉴中的数据会涉及到关于基本建设投资、更新改造以及建筑安装等数据，所以在运用数据的时候需要注意这一点。而统计年鉴中的投资数额这一项与投入产出表比较，口径又会较小，因为统计年鉴中的数额未将 CPI 产品使用较多的金融行业纳入其中。但考虑到西藏地区数据缺失问题，本文数据取自《西藏统计年鉴》等相关数据来测算数字经济相关资本存量，并且使用的数据因部分地区的缺失以及数据的来源不同会产生测算偏差，这也是本文的不足之处。

2. 折旧率

数字经济学中的摩尔定律表明 ICT 产品一般有较高的折旧率，资本存量的估算结果会因选取不同的使用年限和折旧率产生较大差异。基于对稳健性的考虑，一般会选取一个可用来比较的参考标准来进行不同国家和地区间的对比，下表 2–3 所示为部分不同国家和机构制定的标准。目前，我国既没有相关的实证研究，官方发布的折旧年限也缺失一定的具体细节，鉴于全球市场信息产业的共通性，本文拟使用美国的折旧率与使用年限作为比次核算的标准，即设定计算机与电子设备折旧率为 0.3119，通讯设备折旧率为 0.2644，信息传输、软件和信息技术服务折旧率为 0.315。

表 2–3　不同折旧标准的比较

标准源	产品类型	年限	折旧率
美国	硬件	4	31.19%
	软件	5	31.50%
	通信设备	7.5	26.44%

BEA	计算机	7	31.19%
	通信设备（商业服务）	11	15%
	通信设备（其他）	15	11%
	软件（商业）	3	55%
	软件（委托开发）	5	33%
欧盟 KLEMS	计算机	—	31.50%
	通信设备	—	11.50%
	软件	—	31.50%
日本	计算机	4	43.77%
	通信设备	6	31.87%
	软件	5	36.90%

3. 价格指数

通常来讲，选择的价格指数会对测算结果产生明显影响，由于不同阶段的 ICT 产品在质量方面的差异是巨大的，需要考虑质量因素，故早期索洛悖论由此而产生。中国在价格指数上没有发布经过质量调整的指数，且因《西藏统计年鉴》缺失固定资产投资指数这一指标，故本文选取 GDP 平减指数代替作为价格指数（测算结果见下表 2-4）。

表 2-4　西藏 ICT 价格指数测算结果

年份	西藏 GDP 平减指数
2010	1
2011	1.000497512
2012	1.000497265
2013	1.000497018
2014	1.000496771
2015	1.000496524
2016	1.000496278
2017	1.000496032
2018	1.000495786

4. 基年资本存量确定

鉴于西藏相关数据的可得性考虑，本文将测算区间设定为 2010–2018 年[①]，2010 年作为基年，其总资本存量可采用增长法来计算。因此通过选用 2010–2018 年这个时间段投资额的平均增长率和折旧率来计算基年资本存量的公式为：

$$K_{2010}=\frac{I_{2011}}{g+\delta} \tag{9}$$

其中：K_{2010} 表示 2010 年的资本存量，I_{2011} 表示 2011 年的实际投资额，g 代表在观察期内的资本平均几何增长率，δ 为折旧率。然而此方法存在缺陷，即如果观察期内不同年份的增长率波动较大，就容易导致较大误差。故而为了使误差有所减小，并能够增加可比性，本文利用已公布的资本存量数据，借助永续盘存法来推算出 2010 年的资本总存量。经过计算即得到西藏自治区 2010 年资本存量为 191748.18（万元）。

基于早期 ICT 资本存量无法获取这一考量，对于基期 2010 年 ICT 资本存量的计算则使用公式（9）提及的增长法。平均几何增长率用前五年间的平均增长率替代以此来降低计算误差，折旧率仍采用美国标准。由公式（9）计算可得到 2010 年 ICT 硬件和软件的资本存量分别为 93028.58 万元和 98719.59 万元。

5. 非 ICT 资本存量与劳动

除需要 ICT 资本存量的数据之外，本文还需估算得出非 ICT 资本存量。尽管目前国内外对于此计算方法有差异，但只要获取了总资本存量数额，便可以得出非 ICT 资本存量的数据，即非 ICT 资本存量 = 总资本存量 –ICT 的资本存量。对于总资本存量的测算方法，它与 ICT 资本存量的计算方法大体相似，但仍需要设置折旧率，在此我们设定其折旧率为 9.6%。

① 数据来源为《西藏统计年鉴（2011–2019）》

对于劳动力指标的选取，可以考虑劳动者报酬或者劳动力人数这一指标。由于在统计年鉴中的人口、就业人员和工资统计中可以查询得到实际劳动力，在投入产出表中可获取劳动者报酬，但因劳动者报酬的数据需进行价格指数平减，故在本文中选取劳动力人数作为劳动力指标。

（三）采用主成分回归的方式测算产出弹性

理论上来讲若有了 ICT 资本存量、非 ICT 资本存量、劳动力的数据以及历年的 GDP 数据便能够利用上述生产函数进行回归分析从而得到各投入要素的产出弹性。经过多元回归分析后发现 ICT 资本存量、非 ICT 资本存量以及劳动的对数值之间存在多重共线性，故不能简单的直接利用回归分析来得到各投入要素的产出弹性。为了解决变量间的多重共线性问题，本文应采用主成分回归法。该方法首先需要进行主成分分析的可行性检验，结果显示 KMO 值为 0.657，Bartlett 球形检验显著，故而这些指标值表明选取主成分回归是可行的。根据主成分回归法计算的结果得知 ICT 资本存量的产出弹性约为 0.131。

表 2-5　KMO 和巴特利特检验

KMO 取样适切性量数		0.657
巴特利特球形度检验	近似卡方	129.154
	自由度	10
	显著性	0.000

表 2-6　总方差检验

成分	初始特征值			提取载荷平方和		
	总计	方差百分比	累计 %	总计	方差百分比	累计 %
1	4.894	97.887	97.887	4.894	97.887	97.887
2	0.084	1.681	99.568			
3	0.021	0.428	99.997			
4	0.000	0.003	100.000			
5	6.24E−11	1.248E−9	100.000			

提取方法：主成分分析法

（四）计算数字经济对经济增长的贡献率

$$\left(\partial\frac{\Delta K_{ICT}}{K_{ICT}}\right)\Big/\left(\frac{\Delta Y}{Y}\right) \quad (5)$$

$$S=F(J)+F(r) \quad (10)$$

式中，S 代表数字经济总量，F（J）即为基础部分增加值，F（r）代表融合部分的数字经济规模，即 ICT 资本存量。

运用公式（5）计算相应年份的贡献率（见下表 2–7）；运用公式（10）可计算出数字经济总量。

表 2–7　西藏数字经济对经济增长的贡献率

年份	贡献率（%）
2011	31.19
2012	30.31
2013	29.58
2014	43.23
2015	32.82
2016	31.55
2017	35.34
2018	40.99

第三章 西藏高新数字产业发展的环境与条件

第一节 政策环境

一、国家政策环境

在我国高新数字产业发展的过程中，产业扶持政策随着国家对数字产业和高新科技融合需求的不断提升而不断演变，具体体现在五年规划中。早在2001年，国家“十五”规划中就提出了电子商务的概念。为加快推进经济增长方式的转变，“十五”规划中提出将计算机和线上商品相结合，从而提升数字化制造能力和信息传输能力，提高信息化装备和系统集成能力。这是电子商务首次写入国家级发展规划之中，也是与有关数字产业发展的相关内容首次被写入国家级的发展规划文件之中，表明数字产业已经变成国家顶层设计的重要内容之一。国家“十一五”规划要求推进生产设备数字化，建设集有线、地面、卫星传输于一体的数字电视网络。可以看出，国家“十一五”规划在逐渐明确“十五”规划的基础上，更是从具体层面推进生产设备数字化，培育了数字产业化的萌芽。国家“十二五”规划要求推进信息化和工业化深度融合，全面提高信息化水平，这一规划明确了两化融合的初步形态，为数字产业化和产业数字化奠定了有利的政策基础。国家“十三五”规划加快建设数字中国，加快数字文化建设、数字创意产业发展、数字出版产业转型升级，至此以数字为核心内涵的高新数字产业正式被提出。尤其是在2020年《建议》中单列一节明确提出要“加快数字化发展，推进数字产业化和产业数字化，推动数字经济和实体经济深度融合，打造具有国际竞争力的数字产业集群”。对数字化社会治理、数字化政务系统等构建方面做出阐述，进一步提升公共服务、社会治理等数字化智能化水平。在数字化的基础制度和标准规范方面，要建立起数据资源产权、安全保护、交易流通、跨境传输等方面的规范，从而大力推动数据资源的开发利用。在数据安全方面要保障国家的数据安全，加强个人的信息保护。在数字化信息使用方面，要提升全民的数字技能，扩大基础公共信息数据有序开放，建设国家数据统一共享开放平台。

除了五年规划外，国家还有其他各类相关政策文件也多次强调发展数字产业。自党的十八大以来，党中央、国务院高度重视数字中国的建设，《“十三五”国家信息化规划》、《数字中国建设发展进程报告》、《国家信息化发展战略纲要》等文件无不表明顶层设计者对数字产业化和产业数字化的重视。《“十四五”国家信息化规划》从九个方面推动落实数字建设，主要包括加快信息基础设施的优化升级、数字社会建设步伐以及数字技术的创新应用，充分释放数据要素活力，推动数字产业化和产业数字化，提高数字政府建设水平，发展普惠便捷的数字便民服务，建设网络空间命运共同体，营造良好的数字生态。

自进入21世纪以来，国家层面对数字化发展的重视程度越来越高，对数字化发展的要求也越来越明确，各个时期的国家政策为数字化产业发展指明了方向，推动了我国由信息化向数字化的历史性转变。以上一系列国家宏观政策层面的明确支持与引导，为我国数字产业的发展营造了优良的发展环境，打下了坚实的基础，更是为西藏发展高新数字产业指明了方向，提供了具有指导性、建设性的意见。

二、西藏政策环境

一方面，西藏优化政府机构设置，不断完善工作体系，扎实推进高新数字产业发展。2017 年，西藏成立了自治区产业建设领导小组，下设特色加工产业和信息产业专项推进组（2020 年调整为高新数字产业专项推进组），负责统筹加快信息和数字技术运用，助推教育、医疗、社会治理、产业协同发展、政务服务、北斗卫星应用示范、藏文软件推广应用等，运用 5G 通讯技术搭建具有西藏特殊优势产品的网上“天路”。为进一步强化信息化建设、数字经济发展方面的职能，西藏经济和信息化厅增设了数字经济发展处，专门负责拟订全区数字经济和大数据产业发展规划，研究提出数据资源管理标准，推动大数据应用发展，促进全行业数字化转型及工业化和信息化融合发展，并承担着大数据产业、电子信息产品制造业等行业管理以及政务信息化、公共基础设施管理和公共数据开发利用等职责。

另一方面，西藏适时出台相关政策文件推进信息化和数字化建设进程，为高新数字产业发展保驾护航。2019 年，西藏自治区《政府工作报告》指出要推进高新数字产业创新发展，具体包括制定落实促进信息产业发展优惠措施、推进“互联网 +”行动、搭建中小微企业公共服务平台等措施。2020 年，西藏自治区《政府工作报告》指出加快信息和数字技术运用，主要体现在社会治理、政务服务、教育医疗，实现农牧区电商服务全覆盖，推进 5G 应用等。2021 年，西藏自治区《政府工作报告》指出建设面向南亚开放的国际通信出入口节点，加快大数据中心建设，推进“数字西藏”、“智慧西藏”建设。连续四年的西藏自治区《政府工作报告》均提出大力发展高新数字产业，说明其重要性。《西藏自治区数字经济发展规划（2020–2025 年）》的颁布更是从具体落实层面要求发展电子商务和智慧物流，引导电子商务平台企业与快递企业开展供应链流程再造，降低企业运营成本，为全区数字经济发展提供科学指引。以上各种政策的颁布表明数字经济已经渗透至各行各业，数字产业也被作为顶层设计中至关重要的部分。

虽然顶层设计和相关政策文件不断完善，但是有些政府部门对数字经济的内涵认识不清，对发展数字经济的紧迫性和重要性认识不够，对新技术、新方向、新业态的把握能力不够，缺乏数字化思维与素养，在数字经济发展宏观决策、机制创新、经营管理等方面反应滞后，即将消失政策红利的“窗口期”从工作体系设置和相关政策文件的出台看出，西藏自治区党委、政府高度重视数字经济发展，宏观政治环境为西藏发展高新数字产业提供了强有力的保障条件。在信息大爆发时代，西藏高新数字产业的发展在政府强有力地支持下，必能顺势而谋，借道超车，实现西藏高质量跨越式发展①。

第二节　经济环境

一、国内经济环境

在外部风险挑战明显加剧的复杂背景下，我国经济保持平稳增长，显示出强大的韧性和生命力，优良的宏观经济环境为高新数字产业发展保驾护航。2020年，新冠肺炎疫情暴发，虽然我国经济受疫情冲击影响出现波动，但在我国制度优势下统筹疫情防控取得了令世界瞩目的优异成绩，经济社会发展也取得重大战略成果，实现全球唯一经济正增长。2020年，我国经济总量再上新台阶，经济总量突破百万亿大关，全年GDP达1015986亿元，比上年增长2.3%。其中第一二三产业增加值分别为77754亿元、384255亿元、553977亿元，同比增长分别为3.0%、2.6%、2.1%。可以看出，

① 王方红.加快发展数字经济 培育增长新动能[N].中国电子报，2020-06-30（002）.

我国的产业结构仍然以第三产业为主导，第一二产业为基础的基本架构没有发生变化，但第一产业增速明显高于第二三产业。全年规模以上工业企业实现利润 64516 亿元，比上年增长 4.1%，高技术制造业增加值比上年增长 7.1%，高技术产业投资比上年增长 10.6%。经济复苏走在世界前列，经济基本盘稳固夯实，成为推动全球经济复苏的主要力量。分季度看，2020 年各季度分别增长 –6.8%、3.2%、4.9%、6.5%。可以看出，除一季度受新冠肺炎疫情影响为负数外，其余三季度都显示为正增长，并且随着时间的推移增速越来越快。我国经济恢复走在世界前列，经济基本盘稳固夯实，成为推动全球经济复苏的主要力量[①]。

新基建为高新数字产业跨越式发展提供了机遇。预计到 2025 年，我国 5G 基站直接投资达 2.5 万亿元[②]，特高压总投资规模超过 5000 亿元[③]，城市高铁和轨道交通投资规模约达 4.5 万亿[④]，新能源汽车充电桩投资规模将达 900 亿元[⑤]，工业互联网新增投资将超过 6500 亿元[⑥]，大量的资金涌入“新基建”领域。而作为高新数字产业发展的硬件基础，“新基建”将夯实数字经济的坚实基础，推动数字产业的发展。除了政府部门推动发展“新基建”以外，民间资本也在加大对“新基建”的投资布局。比如：腾讯集团和阿里集团计划分别要在未来五年和三年的时间里投资 5000 亿元和 2000 亿元布局“新基建”。在信息技术革新迅速的背景下，发展高新数字产业的机遇稍纵即逝，如果西藏在享受“新基建”政策红利的同时错失发展高新数字产业机遇，必将在未来的经济发展中受制于人。

---

① 本段数据来源于国家统计局 .2020 年中华人民共和国国民经济和社会发展统计公 [EB/OL].http://www. stats. gov. cn/tjsj/zxfb/202102/t20210227_1814154.html，2021.

② 资料来源：根据赛迪智库整理

③ 资料来源：根据国家电网数据整理

④ 资料来源：根据国铁集团数据整理

⑤ 资料来源：根据中国电动汽车充电基础设施促进联盟数据整理

⑥ 资料来源：根据《工业互联网发展行动计划（2018–2020 年》数据整理

二、西藏经济环境

西藏经济整体上还处于初期阶段，农牧业小而散，工业发展不充分、不均衡，服务业发展后生力量不足。传统产业数字化转型尚处于起步阶段，数字技术与实体经济融合深度不够，信息化对产业的催化作用难以充分发挥。通过数字技术与实体经济深度融合，不断提高传统产业数字化、智能化水平，加速重构经济发展与政府治理模式，可以为西藏经济提质增效、实现高质量发展带来新动能机遇。

西藏经济快速发展为高新数字产业发展奠定了坚实的基础。新冠肺炎疫情的暴发对我国实体经济造成了负面的影响，经济发展放缓。然而西藏地区 2020 年上半年完成生产总值 838.38 亿元，逆势保持正增长，同比增长率达 5.1%，增速全国第一。西藏全年生产总值达 1902.74 亿元，比上年增长 7.8%[①]。其中，数字经济规模达 330 亿元，同比增长约 20%，高新数字产业增加值 152.48 亿元，增长 23.9%[②]。全区规模以上工业总产值 274 亿元，工业增加值增速 9.6%，居全国首位，各产业园区工业总产值 68.47 亿元，数字经济规模突破 330 亿元，信息消费规模达 60 亿元。

以第三产业为主导的产业结构为高新数字产业发展提供了巨大的潜力。截至 2020 年底，西藏第三产业增加值达 953.84 亿元，增长 1.4%，占总产值的 50.1%。而第二产业和第一产业的增加值分别为 798.25 亿元、150.65 亿元，分别增长 18.3%、7.7%，各占西藏地区生产总值的 42.0%、7.9%[③]。高比重的第三产业为发展高新数字产业提供了巨大的潜力。我国数

---

① 西藏自治区统计局 .2020 年西藏自治区国民经济和社会发展统计公报 [EB/OL]..http://tjj. xizang. gov.cn/xxgk/tjxx/tjgb/202104/t20210408_198946.html，2021.

② 2020 年西藏数字经济规模突破 330 亿元，西藏自治区人民政府，http://www.xizang. gov.cn/xwzx_406/shfz/202102/t20210210_192962.html，2021-2-10.

③ 西藏自治区统计局 .2020 年西藏自治区国民经济和社会发展统计公报 [EB/OL].http://tjj. xizang.gov.cn/xxgk/tjxx/tjgb/202104/t20210408_198946.html，2021.

字经济出现“三二一”产业逆向渗透趋势[①]，西藏旅游业、文化娱乐业、餐饮业、金融业等领域的数字经济引领发展。西藏特色农牧业和工业为产业数字化发展提供了新的方向。比如：西藏农牧业进一步发展，粮食总产量和牲畜出栏量持续增长，粮食产量达到 105 万吨，肉奶产量超过 90 万吨。据中国电子信息产业发展研究院发布的《2019 中国数字经济发展指数》显示，西藏在数字经济产业指数整体评估、产业规模、数字经济融合指数等方面均落后于其他省份，而在农业数字化方面，全国各省份的农业数字化平均指数达到 33.6，西藏指数位列第一梯队，达到 40 以上[②]。此外，采矿业数字化、电力行业数字化得到进一步发展。

良好的经济环境为数字经济的发展提供了坚实的基础，数字经济作为主要抓手和着力点，又会带动西藏经济发展持续向好发展。

第三节　社会环境

一、人文环境

西藏的城镇化潜力赋予数字乡村建设特殊重要地位。2020 年底，我国常住人口城镇化率首次突破六十大关，达 60.60%[③]。然而西藏全区城镇人口超 107 万人，城镇化率仅为 32%[④]，与国内平均城镇化率相比仍有较大差距。因此，推动实施乡村振兴战略、走数字乡村道路对西藏经济发展有举足轻重的作用。农村电商作为数字乡村建设的重要组成部分，作为精准扶

① 刘淑春 . 中国数字经济高质量发展的靶向路径与政策供给 [J]. 经济学家，2019（06）:52–61.

② 中国电子信息产业发展研究院 .2019 中国数字经济发展指数 [R]. 北京 .2019，10.

③ 国家统计局 .2020 年中华人民共和国国民经济和社会发展统计公报 [EB/OL].http://www. stats.gov.cn/tjsj/zxfb/202102/t20210227_1814154.html，2021.

④ 中华人民共和国政府，http://www.gov.cn/xinwen/2020-01/09/content_5467848.htm，2020-1-9.

贫的重要抓手，在西藏的发展仍处于初期阶段，糌粑、牦牛干、青稞酒等特色农牧产品亟须通过电商扩大销售规模，提高销售收入。同时，农村电商制度的完善还可以推进智慧物流的建设，使得区内人民能够通过便利的物流条件享受到区外物资，降低运输成本，更好的改善当地居民生活。据农业农村部信息中心发布的《2019 全国县域数字农业农村电子商务发展报告》显示，西藏未有县域进入 2019 年县域网络零售 TOP100，在各省县域农产品网络零售额（亿元）情况中排名较为靠后。在 2019 年县域农产品网络零售 TOP100 中，西藏仅有拉萨市堆龙德庆区一家农村电商合作社进入榜单[①]且网络零售额占比及网络零售量较低。这说明，西藏在数字乡村发展建设方面仍有较大的提升空间。除了农村电商项目外，西藏还建设了一批“互联网 + 教育”国家示范区，“互联网 + 教育”实现中小学校全覆盖，教育水平得到进一步提升。

高新数字产业的发展有利于缩短西藏地广人稀的时空距离。据全国第七次人口普查结果显示西藏常住人口为 364.81 万人，而西藏国土面积约为 122.84 万平方公里，是我国人口密度最小的地区，人口主要集中在西藏的东部和南部地区。地广人稀的地理环境使得西藏信息基础设施建设成本极高，除政府投资建设外，一般很难有民间资本投资，这就导致西藏信息基础设施建设较为滞后，数字基础设施建设出现城乡二元分化现象。部分地区现代数字化水平较高，拉萨市和林芝成为国家智慧城市试点，拉萨市柳梧新区成为首个 Wi-Fi 大面积覆盖的公共区域，5G 覆盖即将实现，信息领域相关的国家级高新技术企业、孵化科技型企业、自治区重点实验室和工程技术研究中心、科技基础条件平台等创新建设型单位初步设立。而高寒偏远乡村的基础通信设施建设和网络接入能力有

① 农业农村部信息中心，中国国际电子商务中心研究院 .2020 全国县域数字农业农村电子商务发展报告 [R].2020-4-30.

待加强，信息资源匮乏、通信网络覆盖不全、无线信号覆盖率低、存在通信信号盲区、光纤宽带和4G网络尚未实现行政村全覆盖等问题尤为突出，大数据中心和云平台等应用设施建设未成规模，物联网建设处于初级阶段。高新数字产业带动新一轮的基础设施建设将对缩小基础设施建设二元分化现象起到促进作用。

充分发挥市场的作用，使优质资源向高新数字产业领域集聚，增强经济发展的内生动力。提升政府在数字产业政策、数字基础设施建设、数字标准制定、网络安全维护以及数据信息开放的工作效能，不断完善政府协同监管机制，提高民众的数字素养，缩小区域数字鸿沟。聚焦重要领域、重点产业、重大工程，壮大数字化企业队伍，夯实西藏数字经济发展基础。充分发挥后发优势，加强整体统筹布局，提升战略规划前瞻性，积极完善数字应用设施，引导各地差异布局，打造特色鲜明的现代产业体系。实现高新数字产业与传统特色产业的融合，推动电子商务、智慧物流、远程教育、数字文旅、工业物联网和数字农牧业等产业融合。将理论创新、机制创新以及制度创新作为引领，鼓励集成创新、应用创新以及成果转化，使新模式、新业态带动西藏经济高质量、集约化增长。严守生态底线，坚持集约集聚，有效推动能源消耗和污染排放的降低，实现高新数字产业及传统产业数字化过程的绿色发展，达到效益、质量、规模的有机统一。完善数据治理、标准制定、市场监管与信息保护，不断推动网络安全建设，为高新数字产业的发展提供保护。推进跨喜马拉雅立体互联互通网络建设，全面深化区域合作与协同发展，打造西藏面向南亚的数据大通道。借鉴对口支援省市数字经济发展经验，探索符合西藏特色、体现西藏区情的发展路径，加强区域沟通与协作，推动设施互通互联，实现共建共享、互利共赢。

二、自然环境

西藏丰富的能源条件满足了高新数字产业发展的用电需求。西藏自治区的电力资源潜能蕴藏丰富，西藏自治区生态环境厅的数据显示，截至2020年底，全区电力总装机容量达423万千瓦，清洁能源已达到发电装机容量的89.09%。西藏电网先后经历了1985年首条110千伏输电线路投运、上世纪90年代末拉萨市与山南市电网率先联网、21世纪初藏中电网基本形成、2020年阿里地区与藏中电网联网工程建成投运，由此西藏实现主电网全区覆盖。进入新时期，西藏绿电点亮雪域高原的同时，借助“西电东送”走出高原。数据显示：2015–2020年底，西藏累计外送清洁电力65亿千瓦时，在减少二氧化碳排放的同时，把高原资源优势转化为经济优势。按照规划，2025年西藏水电已建和在建装机容量将突破1500万千瓦，光伏太阳能装机容量突破1000万千瓦。

据西藏自治区《政府工作报告》显示，2020年瓦托、金桥水电站投产发电，拉洛水利枢纽下闸蓄水。农网改造加快推进，主电网覆盖66个县（区）。加查、大古等水电站和金沙江上游水电基地建设顺利。新增电力装机26.6万千瓦，发电量增长23.7%，外送电量增幅超过90%。不仅如此，西藏光照、风力资源丰富，太阳总辐射达到140–200千卡/平方厘米，是我国东部沿海地区的两倍，年平均大风日数多达100–150天，最多可达200天，是全国大风（≥8级或17米/秒）最多的地区之一，比同纬度的我国东部地区多4–30倍[①]。优厚的光照和风力资源为太阳能、风力发电提供了自然资源条件。电力资源充分开发利用后完全可以满足西藏数字经济发展过程中大规模、持续稳定、价格低廉的用电需求。

---

① 西藏自治区人民政府．西藏概况 [EB/OL].
http://www.xizang.gov.cn/rsxz/qqjj/ zrdl/201812/t20181221_34484 .html，2018.12.

高海拔、低氧量以及低温条件使得西藏高新数字产业的发展面临严峻挑战。西藏位处我国西南地区，是青藏高原的重要组成部分，占青藏高原面积的一半以上，平均海拔在 4000 米以上，而氧含量仅为平原地区的 60% 左右，甚至有些地区的含氧量仅为平原地区的 50%。夏季冰雹和雷暴频发，干旱、洪涝、雪灾、沙尘暴等常年出现，严峻的自然条件严重制约着西藏高新数字产业的发展。首先，高新数字产业的发展必然要建设基础设施，比如：以 5G 基站为代表的通信网络基础设施、以人工智能为代表的新技术基础设施、以数据中心为代表的算力基础设施等。而恶劣的气候会使得设施建设进程缓慢，劳动力成本高昂。其次，受自然条件影响，信息化专业人才引进难，自主研发能力弱，高新数字产业发展得不到保障。同时，西藏作为我国最大冻土分布区之一，有大量的冻土面积，对硬件设施的建设、运营和维修也会造成一定的影响。

西藏位置偏僻，地理环境复杂阻碍了与外界的信息交流。从区内外来看，西藏处于我国西南边陲，位于亚洲腹地，与经济发达的长三角、珠三角等沿海地区相隔较远，经济、文化等交融困难，导致了较高的外生交易费用，靠长三角、珠三角等地的规模经济带动西藏发展难度较大。从西藏区内来看，西藏既有重峦叠嶂的大山，也有陡峭深切的峡谷，复杂的地理环境造就了西藏独特的美景的同时，也导致了较高的内生交易费用，严重阻碍着西藏经济的发展，尤其给西藏数字产业化和产业数字化进程造成较为消极地影响，给数字化的基础设施建设造成较大的困难。

第四节　技术环境

数字技术概念在世界范围内还尚未有统一的标准，可能的原因是达成标准的定义需要时间，但数字技术发展迅速，二者在时间上存在不一致性。根据当前学者对数字技术的研究可知，数字技术是以比特表示信息，包含在信息通信技术中或者以信息通信技术为载体的技术。因此，综合数字技术特征以及从数字技术影响高新数字产业方面考虑，本书将数字技术界定为通讯技术、信息技术及其相关信息服务。

一、通讯技术

通讯技术又称通信技术，是指以声波或光波等介质把信息通过电脉冲从一个信息端口发送至另外一个或多个信息端口，目前以 5G 最为典型。5G 通信技术正在雪域高原普及，并在医疗、旅游等多个行业实现应用，2021 年西藏首次实现基于 5G 技术的远程超声跨市会诊为那曲市的患者进行 B 超诊疗。2020 年底，总投资 74 亿元的阿里联网工程通电，阿里正式接入国家电网，西藏由此迈入主电网覆盖全区 74 县区的统一电网时代，结束了全国市级电力孤网运行的历史，书写了我国电力历史的新篇章，开启了西藏电力新时代，沿线 16 个县近 38 万农牧民群众的生活改善，生产发展有了源源不断的清洁电力。西藏五年落实中央预算内信息化基础设施投资 31.3 亿元，首条计算机生产线在拉萨市建成，此生产线适应西藏高寒、低压、低氧的自然环境，加快构筑网络安全产业高地，促进数字经济起步加速。目前，西藏信息化指数达 75.8，两化融合指数达 42.8[①]。为打破藏汉地域语言区隔、提供更多便捷的信息传播途径，西藏自治区（市）编译局联合西藏大学和西藏民族大学研发的藏译通软件，2020 年底，用户已突破百万，翻译准确率可达 85% 以上。西藏首个 5G 智慧医疗联合实验室在拉萨市人民医院设立[②]。西藏建成通信光缆线路总长度 24.08 万公里，互联网

① 2021 年西藏自治区政府工作报告，西藏自治区人民政府网，http://www. xizang. gov.cn/ zwgk/ xxfb/zfgzbg/202103/t20210324_197174.html，2021-3-24.

② 西藏自治区首个 5G 智慧医疗联合实验室挂牌，西藏自治区人民政府网，http://www. xizang. gov.cn/zmhd/hygq/202005/t20200528_142104.html，2020-5-28.

宽带接入端口 216.5 万个，通信发展水平与内地省份基本持平。

二、信息技术

信息技术是指用于管理和处理信息的一种技术，高新数字产业的信息技术以区块链、大数据、人工智能等一系列新兴技术为代表，在西藏各行各业发展得如火如荼。拉萨市高新区致力于打造西藏高新技术产业集聚区，并与西藏高驰科技信息产业集团签订战略合作协议，充分整合西藏信息化资源，共同打造西藏数字和信息化集聚区，致力于推动西藏数字和信息化集聚发展，打造产业生态链，服务于西藏数字和信息化高质量发展。充分利用信息化手段布局谋划数字经济发展新模式，有效促进数据要素价值的释放，这对促进信息技术与实体经济融合渗透起到了示范作用。首台 5G 网络车载移动 CT 开机仪式暨公益巡回义诊发车仪式在拉萨市举行，这台仪器填补了西藏医疗领域的空白，可针对西藏偏远地区应急救治和疾病早筛工作的开展。推出“税易贷”、“纳税 e 贷”、“云税贷”等线上金融信用产品，实行纳税人分级分类管理、大数据管理，建立“税警”联办督办机制，投放自助终端设备，电子税务局实现全区覆盖。西藏最大云计算数据中心启动一期二阶段建设，投资达 12 亿元，总投资达 118 亿元，是目前全球海拔最高的云计算数据中心，由西藏宁算科技集团有限公司运营，其业务涉及视频渲染、无人驾驶、远程教育备份等领域，范围将覆盖北京、安徽、上海、江苏、四川等省市，以及尼泊尔、孟加拉国、巴基斯坦等国家及东南亚部分地区。

三、相关信息服务

相关信息服务是指除通讯技术和信息技术之外与数字技术相关的信息服务。西藏已基本建成覆盖自治区、市、县、乡的四级公共文化设施网络，大力发展公共文化数字平台建设，通过“云端”公共文化资源服务推送模式，助力文化惠民。智慧交通综合监管平台上线运行，覆盖昌都市11个区县。利用信息化手段促进交通业务长效实施，构建昌都智慧交通综合监管一体化平台，包含多端应用智慧路长App端、便民服务小程序端、智慧交通综合监管电脑端。海拔最高电力北斗基准站在西藏建成。通过建设乡村e站，西藏拉萨市打通“科普最后一公里”，用户可通过一台55寸的立式触摸一体机连接互联网，点击触摸屏幕或输入所需信息就可获得图文并茂的多方面科学技术知识，也可获得在线专家的远程指导。

除上述利好的一面，也要看到西藏数字系统与资源共享统筹力度不足，难以高效支撑业务发展，数字化应用与政府高效履职能力存在差距。平台建设标准规范、共享数据和编码规则不健全，系统数据架构缺乏灵活性，可扩展性不强。由于数字化工作统筹规划和顶层设计力度不够造成没有统一的监管接口，信息系统之间“各自为营”，功能重复、数据分散，容易造成资源浪费，公共信息资源开发利用和数据开放共享程度不高。除了数字化建设相对滞后以外，数字技术还与传统行业融合程度不足。例如：西藏农牧地区通信基础设施发展不平衡，资源利用效率低下。旅游业对旅客信息的抓取利用能力不足，潜在消费预测不精确。除此之外，人民日益增长的美好生活的需要使得政务信息爆炸式增长，政务数字化服务不能满足政府治理能力现代化的需求，政府惠民服务与民生需求差异较大，高新数字产业基础薄弱，投资乏力。近年来，西藏信息传输、软件和信息技术服务业投资先增后降，科学研究和技术服务业投资呈下滑趋势。西藏自治区数字产业尚未形成集聚效应，本地数字化企业规模小，缺乏产业生态。大数据发展指数虽增长明显，但绝对值依然落后于其他西部省市。同时，数字化专业人才不足制约长效发展。各部门、行业普遍存在数字化管理与应用人才不足问题，关键领域的基础创新能力较弱。缺少针对数字经济、信息化专业人才培养、引进方面的特殊优惠政策，专业人才引进难、留住难的问题尤其突出，自主研发能力较弱。

第四章　西藏高新数字产业发展历程与发展水平评价

第一节　西藏高新数字产业发展历程

西藏高新数字产业起步较晚，伴随着三大产业的不断发展，西藏高新数字产业经历着信息化、网络化、数字化三个阶段。

一、西藏信息化时代

2005 年以前，西藏并无真正意义上的数字企业，相关信息基础设施建设也较为落后，但并不代表西藏的高新数字产业没有发展。早在 1996 年，西藏就已经开始搭建光缆线路以提高通信能力。西藏从 1996 年开始搭建光缆线路，搭建线路长度的同比平均增长率稳定在 35.13%，直到 2005 年，西藏地区铺设的光缆超过了一万八千多公里，使得西藏的通讯能力大幅提高（如图 4–1 所示）。除此之外，西藏地区也将进一步加强对移动电话基站建设，提高其通讯能力。2005 年，西藏移动电话用户已达 46.9 万人（暂无 3G 用户），移动电话的需求不断增长，西藏地方政府正加快推动该项目的建设和规划。西藏自治区七地（市）电信 900 兆蜂窝式模拟移动电话系统相继建成并投入运行；拉萨市电信 GSM 交换局正式开通（标志着“全球通”数字程控移动电话在全国实现联网）；西藏建成开通世界屋脊第一条光缆——拉萨市至日喀则市光缆，并陆续建成开通日喀则市经白朗至江孜光缆、拉萨市至林芝市光缆、八一至米林光缆、泽当至桑日、曲松光缆，开通兰州至西宁、拉萨市光缆。西藏自治区人民政府进入国务院政务信息网，政府办公厅建立办公自动化系统，实现内部信息资源共享；拉萨市电信局开通中国公用计算机互联网业务，电视人口覆盖率达到55%；“金卡工程”、“金关工程”、“金税工程”进入初级阶段；西藏大学实现全国联网气象、民航、统计等部门实现系统内部联网；在这一阶段创办了自治区第一家真正意义上的西藏网站——西藏之窗。西藏信息产业的高速发展孕育着高新数字产业，西藏高新数字产业逐渐展露发展萌芽。

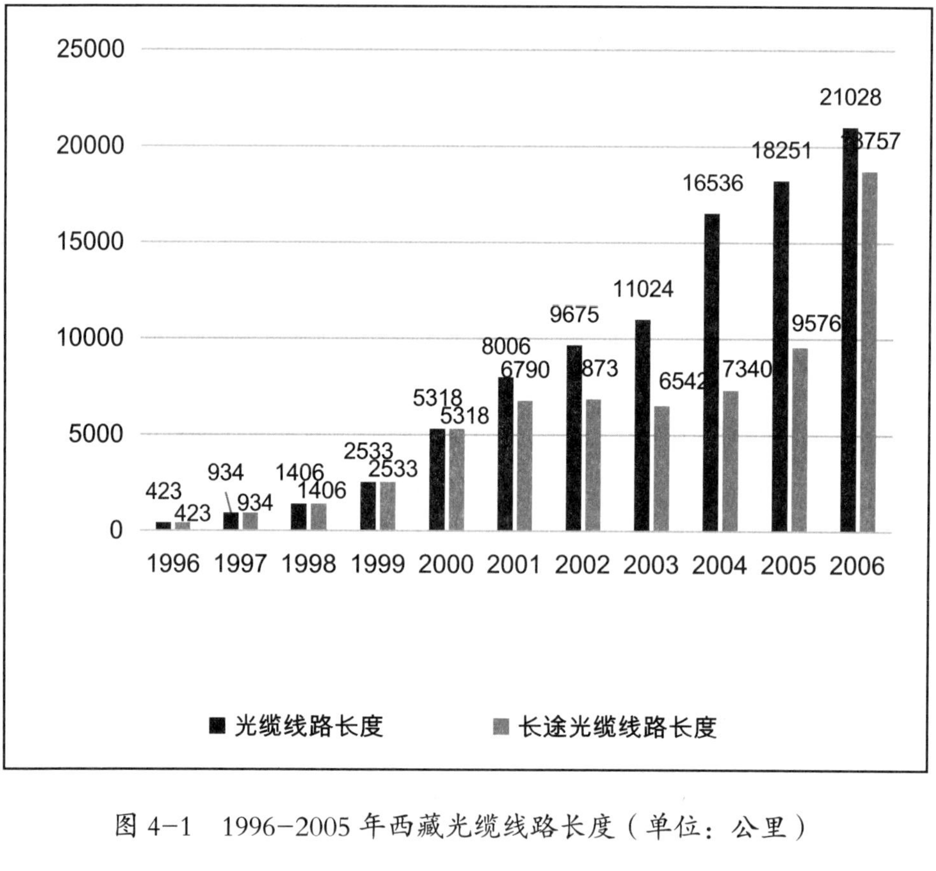

图4-1　1996—2005年西藏光缆线路长度（单位：公里）

二、西藏网络化时代

自2006年，西藏自治区进入3G互联网时代，3G网络也开始普及。

2016年，3G移动用户达到近三万户，移动用户总量超过六十万户，3G用户数占比4.62%，移动电话普及率达21.9%。互联网开始普及，但互联网普及率较低，仅有7.0%，还未有行政村开通互联网宽带业务。经过十余年的发展，西藏不仅在3G领域有了更大的进步，4G领域也逐渐深入居民生活中。截至2017年底，3G移动电话用户165.7万人，4G移动电话用户41.7万人，移动电话普及率更是达到86.1%。移动电话基站数量从2006年的0个迅速增长至2017年的3.1万个（如图4–2所示），信息通信能力得到进一步的提升。互联网普及率也在逐年升高（如图4–3所示），2015年之前，互联网普及率处于稳步增长的阶段；从2016年开始，互联网迅速普及。西藏自治区通信管理局、中国移动西藏公司、西藏自治区经贸信息中心、中国联通西藏分公司、西藏自治区互联网协会相继实现统计信息自动化，建成资源环境信息系统、青藏高原气候综合数据库系统、西藏科技成果等数据库。这为西藏发展“互联网+政务”、“互联网+农牧业”、“智慧医疗”、“智慧教育”等一系列互联网服务提供了可以实施的空间，同时也加快了西藏高新数字产业发展的进程。

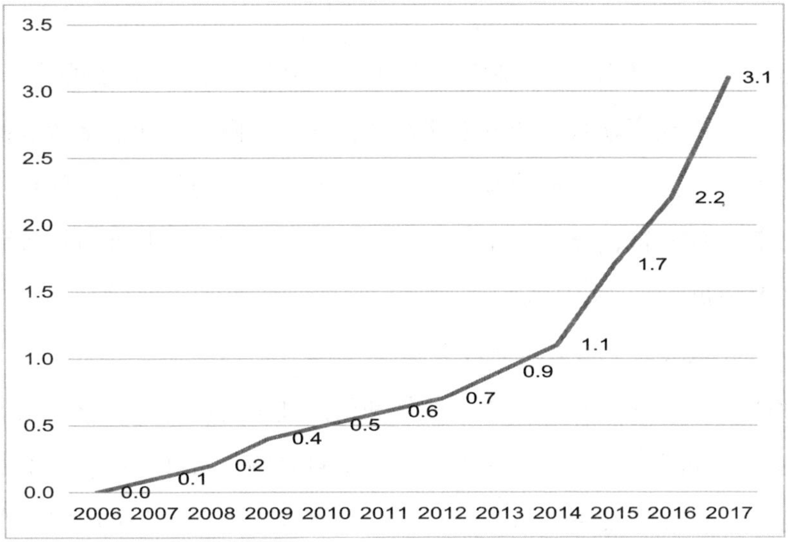

图4–2　2006–2017年西藏自治区移动电话基站数量（单位：万个）

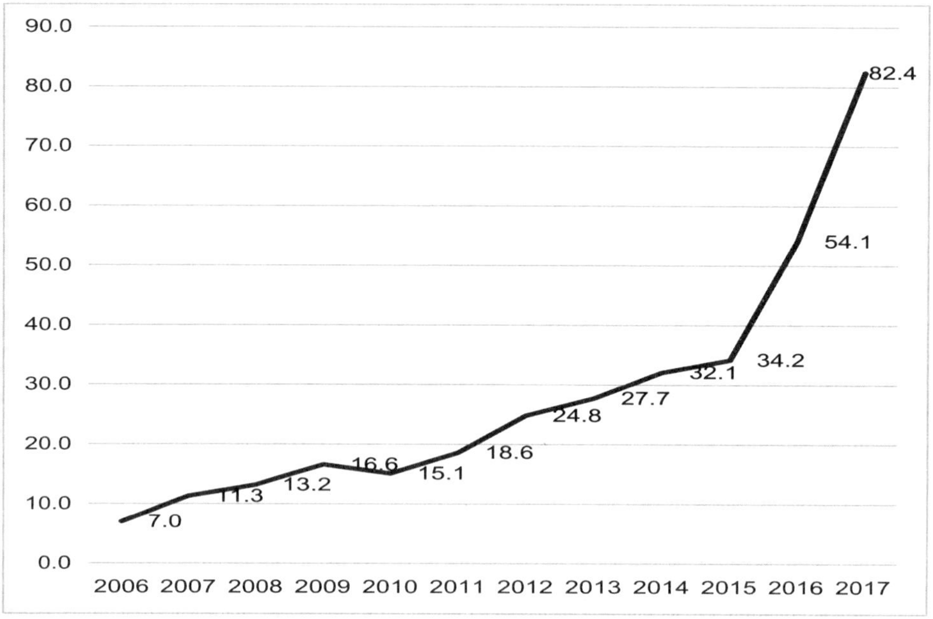

图 4-3　2006-2017 年西藏自治区互联网普及率（单位：%）

三、西藏数字化时代

2018 年，西藏自治区《政府工作报告》中首次提出“高新数字产业”，明确指出要推动高新数字产业创新发展，这对于西藏高新数字产业的发展具有里程碑式的意义，推动着高新数字产业发展走向新阶段、新台阶，在党委、政府的直接领导下，在社会各界的大力支持下，西藏高新数字产业得到长足发展。

（一）数字产业固定资产投资稳步升高

2020 年，西藏对信息传输、软件和信息技术的固定资产投资比上年增长 183.1%。值得一提的是，虽然西藏对信息传输、软件和信息技术的固定资产投资的同比增长率较高，但是该行业项目建成投产率和固定资产交付使用率均为 0%。从侧面说明了西藏高新数字产业的发展处于崛起阶段，但还未到达成熟期。

（二）电信通信服务水平不断提高

截至 2020 年底，年末电话用户总数 397.66 万户。其中，固定电话用户 75.74 万户，移动电话用户 321.92 万户。本年新增移动电话用户 0.47 万户，移动电话普及率达 91.62 部 / 百人。固定互联网宽带接入用户 96.33 万户，比上年增加 4.92 万户。固定宽带家庭普及率达 85.29 部 / 百户。其中，固定互联网光纤宽带接入用户 93.06 万户，增加 5.86 万户。移动互联网用户 279.11 万户，增加 11.77 万户。全年移动互联网接入流量 56444.15 万 GB，比上年增长 64.2%。农村地区宽带用户 24.75 万户，比上年增加 8.6 万户。全区行政村光纤宽带覆盖率达 99%。

（三）数字产业项目不断推进

截至 2020 年 7 月，西藏重点信息化工程项目不断推进，总投资达 72.63 亿元。比如：公安大数据中心（一期）项目基本建成，已完成初验；"互联网 + 教育"已覆盖全区 51% 义务教育阶段学校；北斗西藏示范应用工程正在编制项目建议书和可研报告；卫星资源综合利用信息化工程已完成可研报告编制；西藏自治区中小企业公共服务平台、日喀则市 I 级监测站二期建设项目基本完成；农牧云平台完成招投标工作；昌都市云计算大数据中心（土建部分）已完成 80%；昌都市智慧交通项目已完成 68%。

（四）数字经济规模不断扩大

截至 2020 年底，西藏全区数字经济规模达 330 亿。西藏自治区出台关于推动数字经济发展的相关规划以及"数字西藏"、"智慧西藏"建设实施系列方案，积极推动 5G 网络、数据中心、工业互联网、物联网等新型基础设施建设，推进智慧校园、远程医疗、北斗示范应用工程、企业公共服务平台等项目的实施。

（五）相关组织、企业逐渐成立并完善

2018 年 11 月，西藏高驰科技信息产业集团有限责任公司（下文简称高驰公司）开始运营，该公司是西藏政府批准成立的国有独资企业，主要运营计算机软硬件的研发、生产、销售、服务以及对高新技术企业、技术创新企业的投资等。2020 年 8 月，西藏成立自治区数字信息行业协会，会员单位达 38 家，该协会主要积极搭建起政府相关部门和企业之间的枢纽和桥梁，促进西藏信息化和数字经济领域行业的持续健康发展，为建设“数字西藏”提供技术服务保障。

第二节　高新数字产业发展水平的评价指标体系

一、高新数字产业发展水平评价指标体系研究

（一）高新数字产业发展水平的评价指标体系设计

1. 指标体系构建原则

立足以下原则制定高新数字产业发展水平的评价指标体系。

（1）系统性原则

高新数字产业发展水平评价指标体系的建立，不能违背系统性原理这一客观要求。本书立足于区域和产业的内生需求，围绕发展基础、应用范围、经济效益等核心影响因素，对高技术数字产业的发展和应用维度进行了全面梳理和辐射，形成了涵盖高新技术数字产业发展与应用评价的系统框架和实用工具，确保了评价工作的客观性和可信性。

（2）科学性原则

为了充分发挥数字高新技术产业发展水平评价指标体系的示范作用，提高评价效率，在系统构建评价指标体系的基础上，科学的评价原则是评价指标选择和方法论证的重要指导。在调查分析各评价维度的关键影响因素时，应充分考虑往后各指标分析所需数据的相关性和可及性，综合多因素客观确定指标权重。同时设计合理可行的统计模型和抽样方法，有效提

高各指标的定量评价水平。

（3）逻辑性原则

高新数字产业发展水平评价指标体系的逻辑性主要是指指标之间的内在逻辑和相互联系。既要形成层次严谨、结构清晰的判断标尺，又要在区域和行业粒度上有效区分和互补，从而提高指标体系的可解释性。在实践中，既要充分考虑平台等高技术数字产业的供给侧水平，又要衡量应用、效果等需求侧状况，从而全面解构高技术数字产业的发展和应用水平。

（4）实操性原则

高新数字产业发展水平评价指标体系的设计还应保证数据的可用性，形成对各类数据进行规范化处理和计量的可操作性，从而保证收集到的数据能够在指标体系中通过相同的统计方法进行横向处理和比较。另外，还应考虑数据采集和评估的成本资源，避免无效劳动力和重复劳动。

根据科学性和数据可得性原则，数据来源于《西藏统计年鉴》、《中国社会统计年鉴》、《中国第三产业统计年鉴》、《中国科技统计年鉴》等。对于部分缺失的数据，利用相关统计方法替换缺失值，得到相应的趋势值。

2. 高新数字产业发展水平的评价指标体系的构建

为了全面、科学地评价西藏数字经济的发展，在上述数字经济指标体系构建原则的基础上，结合国内外现有的数字经济研究，从三个方面选取相关指标，构建了数字经济发展评价指标体系，包括 ICT 初级应用、信息通讯基础设施、信息和通信技术产业发展 3 个一级指标。

（1）ICT 初级应用指标

从互联网宽带用户数和移动电话普及率反映 ICT 应用的普及情况。

（2）信息通讯基础设施指标

在这方面，国内外研究都采用综合指数法对数字经济的基础设施进行了测度。例如：赛迪咨询公司在基础数字经济方面选择的指标为电子信息制造业规模、信息传播产业规模、软件和信息技术服务业规模、互联网普及率、网民数量，其中前三项指标属于本文的核心产业发展；国内张雪迎学者等人建立的指标体系还包括信息和通信技术设施；欧盟和经济合作与发展组织从宽带的覆盖和质量来衡量数字基础设施的状况。对于宽带覆盖，欧盟区分了固定宽带覆盖和移动宽带覆盖。大多数研究集中在互联网普及率、互联网服务器数量和互联网用户数等类似指标来反映互联网的接入和普及程度；然而，对宽带质量的研究大多是基于宽带的速度。因此，本文基础设施指标主要从单位面积长途光缆长度、固定宽带家庭普及率、单位面积光缆长度、人均互联网宽带接入端口、人均移动互联网接入流量等 5 个方面来反映数字经济发展的基础条件。

（3）信息和通信技术产业发展指标

主要从电信业务总量、第三产业增加值和规模以上工业企业有 R&D 活动的企业数等相对指标来衡量其发展。

（4）企业电子商务指标

商业应用也就是数字技术在企业中的应用。在美国，仅用 B2B 互联网使用率、人均网络广告支出和公司水平技术吸收这三个指标来测度，但这些指标并不能充分反映企业的数字化发展。衡量这方面，首先要考虑企业数字化过程中涉及到的因素。因此，我们可以从电子商务销售的企业占比、电子商务销售总量以及每 100 家企业的网站数量来反映企业的数字化程度。数字经济发展的具体评价指标体系（见表 4–1）。

（5）农业数字化指标

数字技术在农业中的应用。基于数据的可获得性，主要通过农产品网络销售额等相对指标来衡量其发展。

（6）政务数据治理

数字技术在政务治理中的应用。基于数据的可获得性，主要通过政府应用指数等相对指标来衡量其发展。

表 4-1　西藏自治区数字经济发展评价指标体系

	一级指标	二级指标	单位
数字经济发展指数	ICT 初级应用	X1 互联网宽带接入用户	万户
		X2 移动电话普及率	部 / 百人
	信息通讯基础设施	X3 单位面积长途光缆长度	公里 / 平方公里
		X4 单位面积光缆长度	公里 / 平方公里
		X5 人均互联网宽带接入端口	个 / 人
		X6 人均移动互联网接入流量	GB/ 人
	信息和通信技术产业发展	X7 电信业务总量	亿元
		X8 第三产业增加值	亿元
		X9 规模以上工业企业有 R&D 活动的企业数	个
	企业电子商务	X10 有电子商务销售的企业比重	%
		X11 电子商务销售总额	亿元
		X12 每百家企业拥有网站数	个
	农业数字化	X13 农产品网络零售额	亿元
	政务数据治理	X14 政府应用指数	%

（二）指标体系解释及数据来源

1.ICT 初级应用

（1）互联网宽带接入用户数（万户）

反映西藏接入互联网宽带的数量是数字经济发展的体现。数据来源：《中国社会统计年鉴》。

（2）移动电话普及率（部 / 百人）

平均每 100 人拥有移动电话的部数，等于总移动电话数与使用电话人数之比。数据来源：《中国统计年鉴》。

2. 信息通讯基础设施

（1）单位面积长途光缆长度（公里 / 万平方公里）

长途光缆是用以实现长途光信号传输的一种通信线路。单位面积长途光缆长度等于总光缆长度与西藏国土面积之比。数据来源：《中国第三产业统计年鉴》。

（2）单位面积光缆长度（公里 / 万平方公里）

光缆是用以实现长途光信号传输的一种通信线路。单位面积光缆长度等于总光缆长度与西藏国土面积之比。数据来源：《西藏统计年鉴》。

（3）人均互联网宽带接入端口（个 / 人）

反映本地区人均互联网宽带接入端口数量。等于互联网接入端口总数量与总人数之比。数据来源：《中国第三产业统计年鉴》。

（4）人均移动互联网接入流量（GB/ 人）

反映本地区人均互联网接入流量使用情况。等于该地区本年度总接入流量与该地区本年常住人口之比。数据来源：《中国第三产业统计年鉴》。

3. 信息和通信技术产业发展

（1）电信业务总量（亿元）

反映本地区电信业务运营情况。数据来源：《西藏统计年鉴》。

（2）第三产业增加值（亿元）

反映每一年度第三产业投入的增加情况。数据来源：《西藏自治区国民经济和社会发展统计公报》、《西藏统计年鉴》。

（3）规模以上工业企业有 R&D 活动的企业数（个）

R&D 活动是指科学研究与试验发展，指在科学技术领域，为增加知识总量，以及运用这些知识去创造新的应用进行的系统的创造性活动。数据来源：《中国科技统计年鉴》。

4. 企业电子商务

（1）有电子商务销售的企业比重（%）

反映电子商务在西藏企业的发展程度。是每 100 家企业中有电子商务的企业的数量。数据来源：《中国第三产业统计年鉴》。

（2）电子商务销售总额（亿元）

反映西藏电子商务销售情况。数据来源：《中国第三产业统计年鉴》。

（3）每百家企业拥有网站数（个）

反映西藏企业应用网站的普及度，是拥有网站的企业数与总企业数之比。数据来源：《中国统计年鉴》。

5. 农业数字化

农产品网络零售额（亿元）

反映西藏地区农产品网络销售情况。是每年的网络农产品销售额统计量。数据来源：《电商打造助农高速——2020 线上农产品消费趋势报告》

6. 政务数据治理

政府应用指数（%）

反映政府的数据治理能力。是政务数据资源研究所对部委、省（自治区、直辖市）、地级市等不同层级的电子服务能力的测评指数。数据来源：《政府电子服务能力指数报告》。

二、数据处理和指标权重的确定

（一）数据相对化处理

通过对西藏数字经济发展指标的观察发现，评价指标体系中各指标的维度存在非常明显的差异，大部分指标呈现出快速增长的趋势。因此，有必要对数据进行无量纲处理：

$$X_{ij}=\frac{X_{ij}}{X_{i1}}，i=1，2，\ldots，5；\ j=1，2，\ldots，12 \qquad (4\text{–}1)$$

其中x_{i1}为第 i 年的第 j 个指数，x_{i1}为经过相对处理的第 i 年第 j 个指数的数据。根据该无因次方法，可以计算出 2014－2018 年西藏数字经济发展评价指标的无因次值。

（二）熵值法定权

本文考虑了多种定权方式，最终选择了熵值法定权，相比较主观赋值法，熵权法能够剔除人为的干扰因素，客观的评价各个指标在指标体系中的重要性，熵权法主要是根据指标变异性的大小来确定指标的客观权重，因此熵权法在社会经济领域被广泛的应用。熵权法的原理是当某个指标的信息熵值越小时，代表该指标的变异程度越大，也就是说该指标提供的信息越多，结果表明，该指标在综合评价中的作用越大，该指标的权重越大。如果某些指标的值都相等，则其在指标体系的综合评价中起的作用就越小。本文还利用熵值法的特点对各指标进行权值赋予。熵权法的基本步骤如下:

1. 根据评价指标的无量纲化值计算每种指标的信息熵

根据信息论中的信息熵的概念，一组数据的信息熵可以根据以下公式来计算：

$$e_j = -\frac{1}{\ln n}\sum_{i=1}^{n} X_{ij} \ln X_{ij} = -\ (j=1,\ 2,\ \ldots,\ 14),\ n=5\ \text{表示年数} \qquad (4\text{–}2)$$

2. 计算差异系数

$$g_j = 1 - e_j\ (j=1,\ 2,\ \ldots,\ 14) \qquad (4\text{–}3)$$

3. 计算各指标权重

$$w_j = \frac{g_j}{\sum_{i=1}^{12} g_i} = (j=1,\ 2,\ \ldots,\ 14) \qquad (4\text{–}4)$$

2014–2018 年西藏数字经济发展评价指标的相对化值以及熵权（见表 4–2）。

表 4–2　2014–2018 年西藏数字经济发展评价指标相对化值及权重

指标	2014	2015	2016	2017	2018	Wj
X1	1.0000	1.3394	1.8190	2.7692	3.5385	0.0851
X2	1.0000	0.9024	0.9347	0.9370	0.9885	0.0113

X3	1.0000	0.8636	0.9586	0.9553	0.9249	0.0109
X4	1.0000	1.1817	1.3326	1.5956	1.9112	0.0342
X5	1.0000	1.0603	2.2287	3.2141	4.0395	0.1053
X6	1.0000	1.3735	2.0904	4.3253	18.5904	0.5267
X7	1.0000	1.1823	0.7255	1.0150	2.4762	0.0314
X8	1.0000	1.1213	1.2316	1.3699	1.4602	0.0244
X9	1.0000	1.0000	1.0000	1.2000	1.3000	0.0178
X10	1.0000	1.1625	1.6000	1.2500	1.1000	0.0239
X11	1.0000	0.7813	1.8196	1.9308	2.9689	0.0574
X12	1.0000	1.1607	1.2143	1.1250	1.0536	0.0181
X13	1.0000	1.0862	1.1552	1.2241	1.5345	0.0227
X14	1.0000	1.1000	1.3500	1.5000	1.7750	0.0307

（三）指数计算结果

根据每个指标的熵权和相对化变换后的数值，按如下公式计算，得到2014–2018 年西藏数字经济发展的综合指数和分类指数。其中表示第 i 年的指数。

$$I_i=\frac{\sum x_{ij}w_i}{\sum w_i},\ i=1,2,L,5;\ j=1,2,L,14 \qquad (4\text{–}5)$$

为了便于分析，我们将 2014 年为基期的累计指数转换为环比指数（见表 4–3）：

表 4-3　2014-2018 年西藏数字经济发展综合指数及分类指数表

	2014	2015	2016	2017	2018	权重
综合指数	1	1.244	1.496	1.747	3.399	1
ICT 初级应用	1	1.288	1.332	1.489	1.268	0.096
信息通讯基础设施	1	1.307	1.573	1.927	3.838	0.677
信息通讯技术产业发展	1	1.118	0.858	1.227	1.576	0.074
企业电子商务	1	0.942	1.759	0.978	1.340	0.099
农业数字化	1	1.086	1.063	1.060	1.254	0.023
政务数据治理	1	1.100	1.227	1.111	1.183	0.031

第三节　西藏高新数字产业发展水平评价

将评价指标权重与相关处理数据相结合，求出西藏每年数字高新技术产业发展水平指标，并以水平指标为纵坐标，同时以 2014-2018 年的时间尺度为横坐标，以 2014 年为基期，绘制西藏数字高新技术产业发展趋势折线图（如图 4-4 所示）。可以看出，从 2014 年到 2018 年，西藏高新数字产业的整体发展水平呈上升趋势。其中，2014-2017 年增速相对缓慢，高技术数字产业发展水平较低；2017-2018 年，进入快速发展阶段，综合发展年均增长率达到 39.01%，特别是 2018 年，月环比增长率达到 94.59%，比 2017 年月环比增长率 16.78%，高出 4 倍以上。可以看出，2018 年数字经济的发展速度是较快的。

四个一级指标虽呈现不同的上升趋势，但也存在显著差异。这一方面反映了数字经济发展体系的变化规律，另一方面也说明了西藏数字经济发展中存在着内部不协调等问题。在四个一级指标中，信息通信基础设施增长速度最快，年均增长 43.18%，对数字经济的发展贡献最大。2018 年，信息通信基础设施发展速度达到 99.19%，增长近一倍。信息通信基础设施是基础，它间接带动了企业电子商务和信息通信技术产业的发展，进而对数字经济的发展起到了推动作用。然而，企业电子商务的增长速度仍然非常缓慢，年增长率为 18.37%，对数字经济发展的贡献仅为 9.9%。2018 年，商务部发布《2017 年中国电子商务报告》，指出电子商务作为数字经济最活跃、最集中的形式之一，正全面引领我国数字经济的发展。此外，政务数据治理和农业数字化对数字产业的推动效果也不明显。因此，只有加大对电子商务的投入力度，加强农业数字化的推进，进一步完善政务数据治理系统，解决这些问题，才能更好更快地推动数字经济的发展。

在信息通讯基础设施这一指标中，人均移动互联网接入流量所占的权重最大，达到了总体的 67.7%，说明该因素是近年来西藏数字经济快速发展的主要引擎，这是近些年来中央政府加大了对西藏通信基础设施建设的结果。

近几年，ICT 初级应用指标有放缓趋势。5 年间平均增长率为 7.29%，相比于其他 5 个指标增长变动较小，这是由于经过多年的发展 ICT 初级应用已经接近饱和，环比发展指数从 2017 年的 1.489 回落到 2018 年的 1.268。移动电话普及率达到了 90.84 部 / 百人，提升空间已经有限。

2016 年，企业电子商务指标达到最高，主要是受电子商务销售的企业比重这一指标的影响。为 2016 年西藏企业加大了发展电子商务销售的力度，而在 2017 年以后，发展重心又落回到线下销售模式。因此，出现了先大幅上升又落回的局面，这说明西藏企业电子商务仍处于起步阶段，未来具有很大的提升空间。

农业数字化环比指数在 2018 年达到最高 1.254，增长率也在 2018 年达到了 18.29%，可见其发展空间较大，应进一步推动农业数字化的发展，应进一步将农业与信息技术相结合，成为推动数字产业发展的新增长点。

政务数据治理的权重占比约为 5%，虽然发展快速但相比其他 5 个指标仍比重较小，因此西藏的政务数据治理有待进一步优化和完善。

以 5G 商业为契机，推动数字经济高水平发展。根据指标计算和分析，信息通信基础设施建设是数字经济快速发展的主引擎。因此，应努力加快 5G 基站等基础设施的建设，为行业的发展增添动力。我们应该将 5G 业务作为数字经济发展的新增长点。实现“5G+”行动，加快培养 5G 工业，促进 5G 应用示范如“5G+ 4k”、“5G + 智能连接车辆”、“5G + 物联网”，全面推动大众化的发展，与数字化工业化形成相互促进、良性发展的局面。

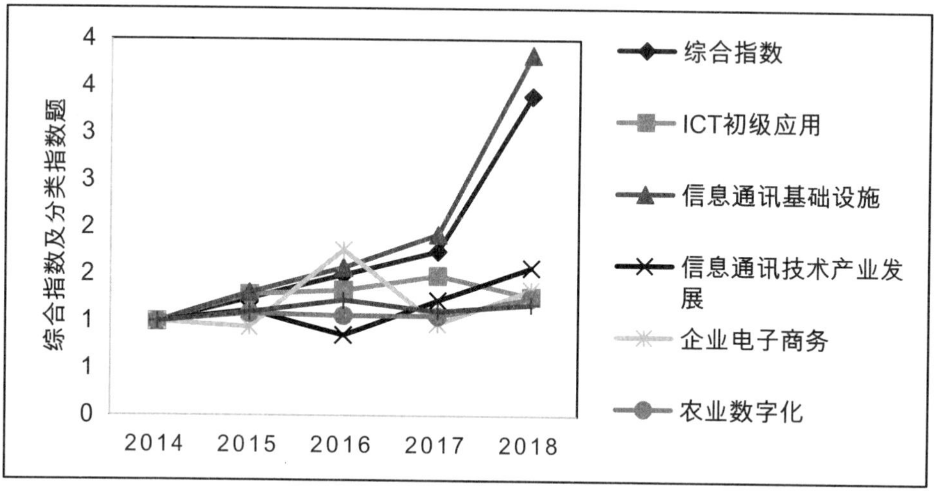

图 4-4　2014-2018 年西藏数字经济发展综合指数和分类指数趋势图

第五章　西藏高新数字产业发展特点

第一节　产业动力演进特点

西藏高新数字产业的动力演进特点表现为由行政主导向市场主导转变。

综观西藏高新数字产业发展，产业发展驱动力有着由政府主导转向市场主导的演进趋势。在西藏政府主导的高新数字产业信息化阶段，政府行政力量主导数字产业的经营和发展，管理模式实行高度集中的行政管理体制，企业没有自主管理权和经营权，基本按照上级管理部门的指令开展业务。在西藏高新数字产业网络化和数字化阶段，政府行为和市场机制两种力量的耦合共同推动了高新数字产业的规模化发展。总体来看，体制作用惯性和市场不健全因素，导致这一阶段政府对产业的影响仍强于市场自主调节的影响。在西藏高新数字产业崛起阶段，市场逐渐成为高新数字产业发展的主导力量。国有资本（比如：高驰公司）、民营资本（中小企业）等多元社会资本共同推动西藏高新数字产业迅猛发展。政府行政部门主要负责宏观管理和制度供给，市场力量对西藏高新数字产业发展的影响将越来越广泛和深远。

第二节　产业结构演进特点

西藏高新数字产业结构演进特点表现为由单一化向与传统行业融合转变。

西藏高新数字产业演进主要表现为产业结构由单一化与向传统行业融合转变。针对西藏高新数字产业发展的各个时期，其产业结构呈现出不同的结构变化特征。在西藏高新数字产业信息化时期，信息基础设施建设占绝大部分比重，由于还未形成规模，相关的数字信息设备未能真正带来效益，并不算严格意义的产业。随着国家宏观政策向西藏倾斜，西藏拥有更多的发展机遇与资本，基础设施建设尤其是信息化设施建设突飞猛进，西藏高新数字产业进入网络化时期。在该时期，数字产品类型单一、产业附加值低、经济拉动效应低。在西藏高新数字产业数字化时期，数字业务范围越来越宽泛，呈现出数字产业与其他传统产业相融合趋势，数字产业边界向相关产业和衍生产业领域拓展，其与关联产业之间形成多业共生、混业发展的模式，实现以高新数字产业助力第三产业发展，全方位协同一二产业融合，推动高新数字产业由单一化向多元化发展。

第三节　地域分布演进特点

西藏高新数字产业地域分布的演进特变表现为由“局部”向“全域”转变。受地区资源禀赋、经济水平、产业基础、政策环境等因素影响，西藏高新数字产业的地域分布有着从“局部”逐步转向“全域”的分布态势，在西藏高新数字产业发展的信息化时期，数字产业发展处于政府主导的状态，在地域分布上呈数量少、规模小、分布较为集中的地域分布格局。移动电话基站、光缆线路覆盖等主要集中在拉萨市。西藏的高新数字产业进入网络化和数字化后，在政策、需求、资本等多重驱动下，西藏高新数字产业开始在一定地域范围内呈现出大规模同业态聚集分布，由拉萨市逐渐扩展至林芝市、日喀则市、山南市等地（市）。一方面，西藏高新数字产业围绕海拔较低的地区集聚分布，围绕着资源禀赋优质的区域，高新数字产业规模不断扩大，逐步形成高新数字产业与其周边衍生产业相互支持，相互促进的良好循环发展格局，促使高新数字产业向集团化和集群化发展。另一方面，西藏高新数字产业扩散至整个西藏全区。由于西藏地广人稀，城市分布较散的特点导致高新数字产业的分布也按照城市分布集中，从而出现“大分散”的地域分布特点。

第二篇　行业篇

一方面，西藏经济的快速发展为西藏高新数字产业的发展奠定了坚实基础；另一方面，西藏将高新数字经济作为主要抓手和着力点，又会带动西藏经济持续向好发展。因此，加快推进西藏高新数字产业的发展具有重要意义，而西藏高新数字产业种类多，各产业具有不同特征，且各产业在经济发展的不同阶段对地区经济的作用也各不相同。因此，研究西藏各个代表性高新数字产业的发展状况，梳理其内在特征，有利于整体把握西藏高新数字产业的发展思路。

第六章　西藏核心数字产业的发展状况

数字经济的定义最早由G20杭州峰会发布的《二十国集团数字经济发展与合作倡议》提出，一般认为数字经济分为广义和狭义两个方面，狭义的数字经济是指完全或者主要基于数字产品或服务的商业模式的数字技术所引起的那部分产出，即核心部门或者数字部门。按照《国民经济行业分类（2021）》核心数字产业包括数字产品制造业、数字产品服务业、数字技术应用业、数字要素驱动业四大类。其中软件和信息技术服务业、信息传输服务业、互联网等相关服务业、文化数字产业及其服务业是西藏的代表性核心数字产业。核心数字产业的发展状况如何，不仅关系着民生和社会福祉，还关系着社会经济的发展水平。因此，将围绕以上四个方面对西藏核心数字产业的发展状况进行梳理。

第一节　信息传输服务业

一、光缆宽带线路

（一）现状特点

从时间发展来看，早在1996年，西藏开始搭建光缆线路，搭建线路长度的同比平均增长率稳定在35.13%，截至2005年底，光缆线路长度达到18,251公里，通信能力得到极大的提升。2006年，随着“宽带西藏”战略的深入实施，互联网开始普及，但互联网普及率较低，仅有7.0%，当时还未有行政村开通互联网宽带业务。截至2019年底，西藏光缆线路搭建的总长度已由最初的几万公里，增长到 20.19 万公里，其中互联网宽带用户数量也逐年增加，固定互联网宽带用户数共达 91.4 万户，城市宽带用户所占比重较多，为 82.38%，相比之下农村宽带用户占比较少，只有 17.62%。西藏全区固定宽带家庭普及率达 83.1%，移动宽带普及率达 83.4%，宽带城区覆盖率、乡镇覆盖率均达到 100%。行政村宽带覆盖率、光纤通达率均达 98%，互联网省际出口带宽 835G[①]。从地区发展来看，2005 年，西藏建成了开通世界屋脊的第一条光缆——拉萨市至日喀则市光缆，并陆续建成开通日喀则市经白朗至江孜光缆、拉萨市至林芝市光缆、八一至米林光缆、泽当至桑日、曲松光缆，开通兰州至西宁、拉萨市光缆。由此可见，在西藏高新数字产业发展的孕育阶段，数字产业发展处于政府主导的状态，在地域分布上呈数量少、规模小、分布较为集中的地域分布格局，光缆线路覆盖等主要集中在拉萨市。

（二）发展趋势

由图 6-1 和图 6-2 可以看出，截止到 2018 年，光缆线路总长度达到 194143 公里，长途光缆线路长度达到 35418 公里，相对于 1996 年光缆线路总长度 42 公里和长途光缆线路长度 123 公里，可以发现西藏光缆线路建设长度整体呈现上升趋势，且发展迅速。

① 数据来源：1996–2019《西藏统计年鉴》

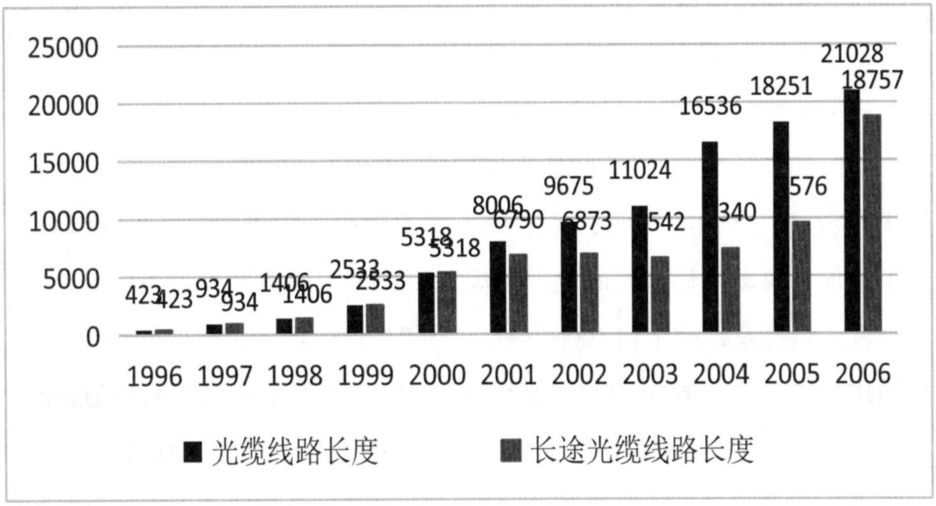

图 6-1　1996-2006 年西藏光缆线路长度（单位：公里）

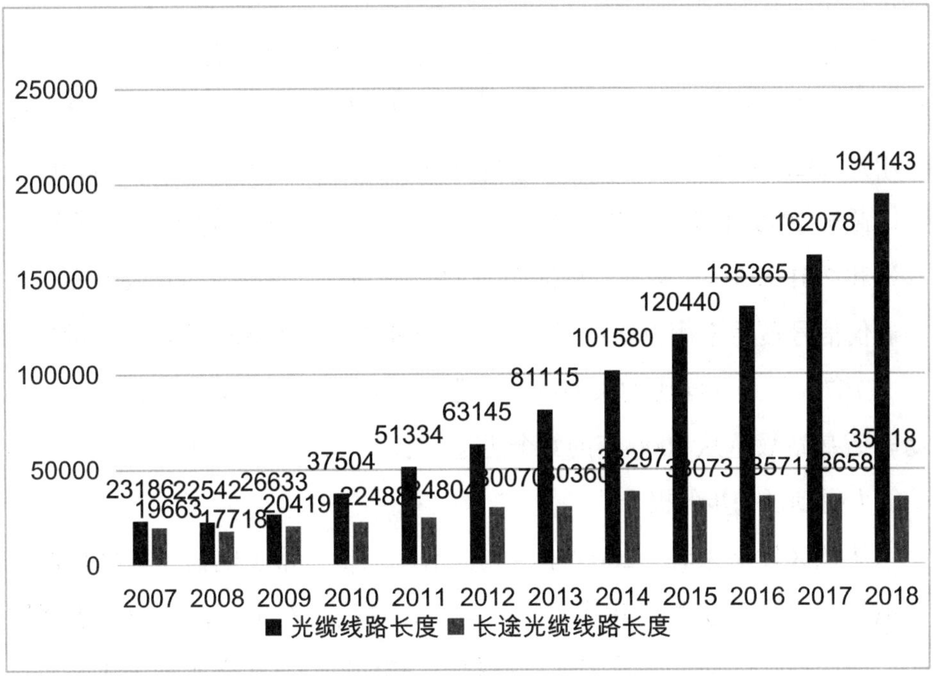

图 6-2　2017-2018 年西藏光缆线路长度（单位：公里）

二、移动电话基站

（一）现状特点

从时间发展来看，早在2005年，3G时代尚未到来之前，西藏移动电话用户数量已达46.9万人，不断增长的移动电话需求数量，促使西藏政府不断加快移动电话基站的建设和规划。2006年，西藏进入3G时代，互联网也开始普及，截止到2006年底，西藏共建成0.1万个移动电话基站，移动用户总量已有60.6万户，其中3G用户占比4.62%。之后，经过十余年的发展，西藏不仅在3G领域有了更大的进步，4G领域也在飞速发展。2017年，西藏移动电话普及率达到86.1%，其中3G移动电话用户165.7万人，4G移动电话用户41.7万人。随后，电信通信服务水平不断提高，到2018年底，电话用户达372.5万户，电话普及率（包括移动电话）达108.3部/百人。其中，共有60.2万户为固定电话使用人数，普及率达17.5部/百人，移动电话用户312.3万户（3G移动电话用户43.2万户，4G移动电话用户232.3万户），普及率达90.8部/百人，电信业务总量达111.97亿元。截至2019年底，共建成5万个移动电话基站，其中包括1.15万个3G基站和2.61万个4G基站，城区4G网络覆盖率达100%、乡村及通商口岸的通信信号覆盖率达100%。截止到2020年6月，西藏电信业务总量累计完成167.6亿元，同比增长66.1%，比全国平均增速高37.4个百分点。移动电话基站数量从2006年的0个迅速增长至2017年的3.1万个，信息通信能力得到进一步的提升。

从地区发展来看，2005年西藏自治区七地（市）电信900兆蜂窝式模拟移动电话系统相继建成并投入运行，这代表在全国范围内实现联网的“全球通”移动电话数字远程控制拉萨市电信GSM交换局正式开通。随着5G网络的快速发展，拉萨市在2019年完成新建改造5G规划站点212个，截止2020年底，已实现各地（市）主城区5G网络覆盖，建设了世界上海拔最高的5G基站，实现了对珠穆朗玛峰的5G信号覆盖。林芝市在2019年正式启动5G网络建设工作，第一批规划站点129个，总投资1000万元，2020年12月开通市区5G运行，标志着林芝市进入5G时代。此外，拉萨市不断加大区域性国际通信业务关口局及离岸数据中心建设力度。截止到2020年，由尼泊尔电信NOC中心、中国联通国际公司、中国联通西藏分公司、宁算科技及尼泊尔宁算五方联合推进的中尼跨境链路第一阶段正式开通，中尼链路往返时延有望从原来的50M宽带下的130.7MS降低至50MS，为尼泊尔和南亚"一带一路"客户提供更好的线路带宽服务保障。

（二）发展趋势

移动电话基站数量从2006年开始逐年增加，截止到2017年，已经达到3.1万个。由图6–3可知，西藏电话普及率在大幅增加，而固定电话用户在2008年达到最多，之后又呈下降趋势，直到2018年达到17.5部/百人。由图6–4、图6–5可知，随着西藏固定电话用户的下降，移动电话普及率逐渐增加，2018年达到312.3万户，其中城市电话用户在2008年达到最高点67.99万户，而农村电话用户在逐年下降。由图6–6可知，西藏开通互联网宽带业务的行政村互联网普及率都在逐年增加。总体来看，受西藏自然环境、经济水平、政策环境等因素的影响，西藏高新数字产业的地域分布演变呈现出由"小的集中性的"向"大的分散性的"演进规律。在西藏高新数字产业发展的孕育阶段，数字产业发展处于政府主导的状态，在地域分布上呈数量少、规模小、分布较为集中的地域分布格局，移动电话基站、光缆线路覆盖等主要集中在拉萨市。西藏的高新数字产业进入成长和崛起阶段后，在政策、需求、资本等多重驱动下，西藏高新数字产业在一定地域范围内呈现大规模同业态聚集分布，由拉萨市逐渐扩展至林芝市、日喀则市等地。一方面，西藏高新数字产业围绕海拔较低的地区集聚分布，围绕着资源禀赋优质的区域集聚发展，逐渐形成了高新数字产业和其相关产业互相配合、互相补充的良性互动格局。另一方面，西藏高新数字产业拓展至整个西藏地区。由于西藏地广人稀，城市分散的特点导致高新数字产业的分布也按照城市分布集中，从而出现“大分散”的地域分布特点。

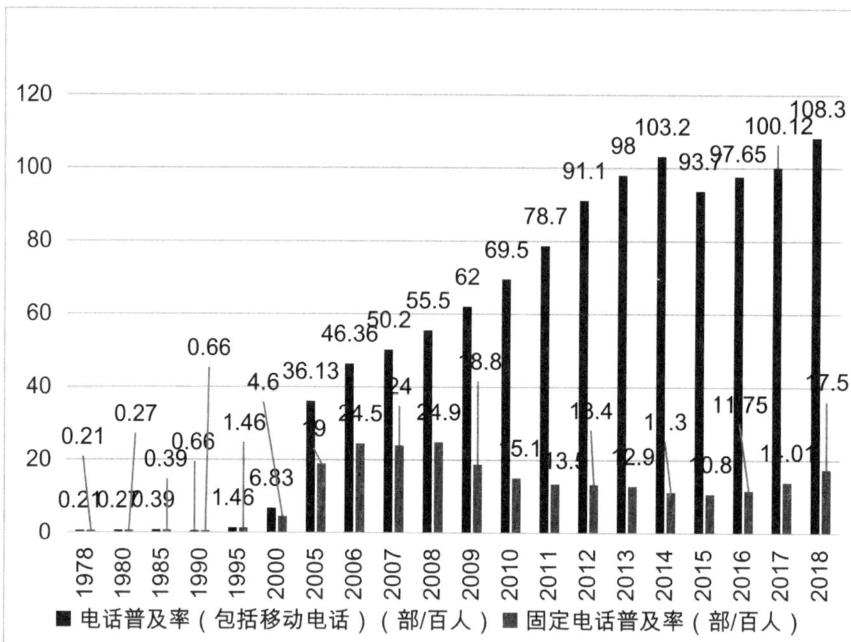

图 6-3 1978-2018 年西藏电话普及率及固定电话普及率

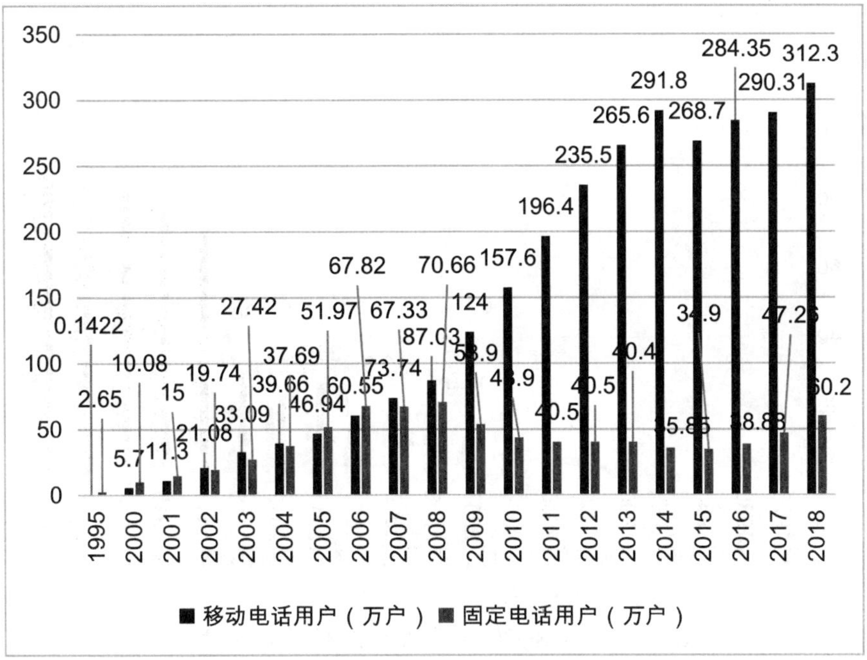

图 6-4　1995-2018 年西藏移动电话和固定电话用户用户数

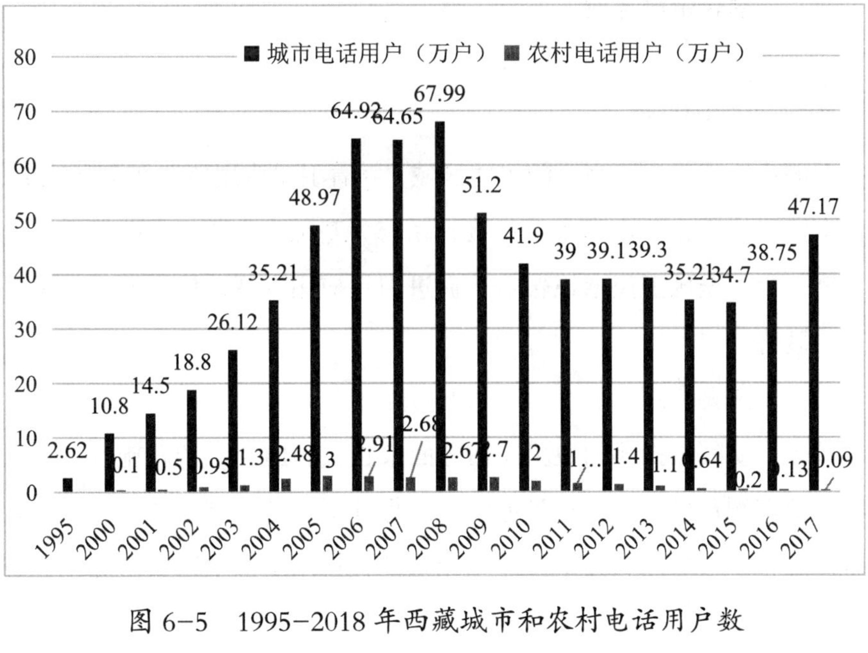

图 6-5　1995-2018 年西藏城市和农村电话用户数

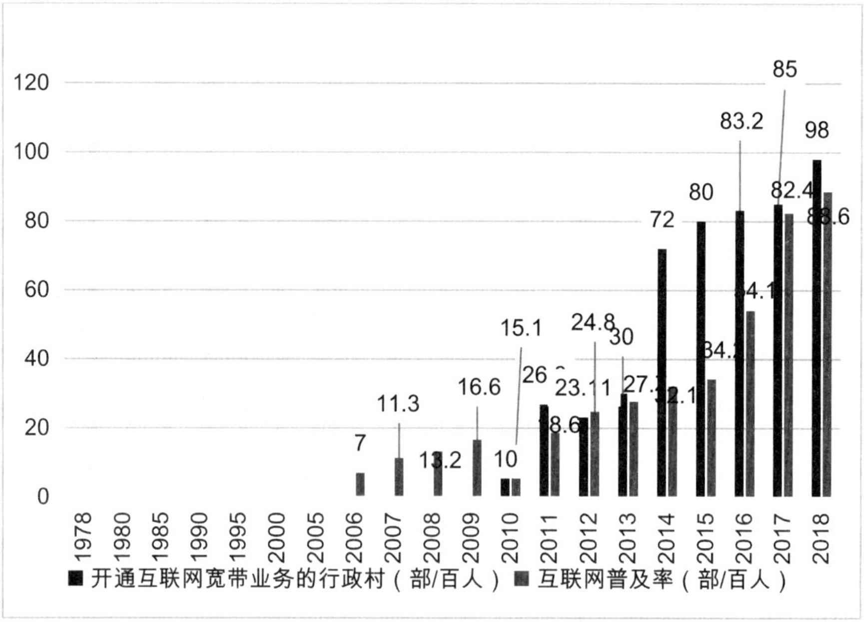

图 6-6　1978—2018 年西藏互联网普及情况

三、卫星传输服务业

（一）现状特点

西藏高原位于青藏高原的主体区域，随着卫星应用事业在全国的推进，西藏全区以拉萨市、山南市卫星接收系统为基础，不断加大政策和资金扶持力度，完善全区卫星通讯覆盖，促进卫星应用发展，使得西藏的卫星应用进展显著。

（二）主要产业

首先，从气象探测的卫星应用方面来看。2010 年，西藏施行《西藏自治区气象探测环境和设施保护办法》，保证了气象探测工作的顺利进行。之后，国家卫星应用高技术产业化专项工程把西藏卫星遥感信息综合应用高技术产业化示范工程列为专项之一[①]。2014 年，西藏自治区气象局开展北斗系统的建设工作，先后完成 39 个有人站和 20 个无人站的北斗系统建设任务，北斗系统的建设不仅能够保证数据通信的全天候传输，而且能够作为故障发生后的应急通信线路。西藏在以下四个方面做了很多工作：一是将北斗导航卫星数据接收中心站设立在拉萨市；二是将地面气象数据采集计算机与国家级气象台站的北斗通信终端系统互联互通；三是由拉萨市北斗中心站收集来自各气象站点的北斗通信终端系统发送的无人自动气象站的观测数据；四是在全国综合气象信息共享平台系统上以网络地理信息系统 WEBGIS 技术继续完善北斗通信及数据监控系统。

其次，从遥感技术的卫星应用来看，西藏自治区遥感应用研究中心不断加强与卫星应用相关的工作，收集了巨量多种类型分辨率下的高原地区遥感卫星信息。先后完成了“西藏自治区‘一江两河’的动态监测”、“西藏自治区生态环境遥感监测与服务系统建设”、“西藏自治区土地资源遥感综合调查”等重要科研工程项目，取得了众多成果。此外，由于西藏特殊的地理环境，对高分数据资源的需求十分迫切，2016 年 8 月，西藏成立高分辨率对地观测系统西藏自治区数据与应用中心，为阿里地区阿汝村冰崩、错那县泥石流等抗灾救灾任务提供了高分遥感数据支撑，也为地质灾害调查及灾后治理工作提供影像支持。目前，高分西藏中心通过高分数据资源，已经完成了关于拉萨市的高分数据影像图制作工作，并且可以准确定位到西藏人口密集区的水库边界和大型湖泊边界，为西藏旅游公司提供了多幅高分影像专题图。2016 年 12 月，西藏自治区推动“西藏高分数据管理应用平台”建设，提高了遥感数据资源的利用率，在应对各类突发事件中发挥最大效用。

此外，从通信的卫星应用来看，自 21 世纪以来，国家在资金、技术、

① 高菲 . 西藏卫星应用进展 [J]. 卫星应用，2017(2).

人才等诸多方面给予西藏通信事业强大的支持，使西藏实现了电话通各村、宽带通各乡、光缆通各县的目标。从2003年8月开始，经过一年时间的建设，西藏自治区已经实现了从卫星网络正式开通到各乡各户都能联通电话的目标。2014年，全区所有行政村实现了移动通信盲区全覆盖，广播电视“户户通”的目标，截止到2020年底，西藏村村通户数已达243308户。

最后，从北斗导航的卫星应用来看。2013年，西藏自治区林业厅为数只藏羚羊戴上“北斗项圈”。2016年9月，高分西藏中心与航天恒星科技有限公司共同推进“卫星导航CORS站建设”等导航项目，建设应急减灾信息综合服务平台，采用VSAT卫星等高级通信系统，提高了西藏突发事件的应急处置能力。2016年12月，“北斗相伴－穿越西藏阿里大北线”座谈会在北京成功举办。会议提出许多有关卫星应用方面的规划。为了保障户外运动爱好者在旅行过程中的安全，保障他们即使到达没有信号和移动通信的地域依然可以和家人朋友取得联系，北斗用户机通过北斗系统将车辆的具体位置信息及时准确地传输，之后再通过位置服务平台，将用户发出的北斗短报转化成通行短信，从而实现信息的及时传送。2018年，“西藏电影卫星传输技术培训班”在拉萨市开班，此培训班将普及宣传电影数字拷贝卫星传输技术，培养此行业相关人才，促进西藏现当代电影院的建设进程，推动电影行业的发展。

第二节　互联网及其相关服务业

一、现状特点

西藏全区互联网普及率逐年升高。在2015年之前，互联网普及率处于稳步增长的阶段，从2016年开始，互联网迅速普及，西藏自治区通信管理局、西藏自治区经贸信息中心、中国移动西藏公司、中国联通西藏分公司、西藏自治区互联网协会等，逐步实现统计信息自动化，建成资源环境信息系统、青藏高原气候综合数据库系统、西藏科技成果等数据库，这为西藏发展“互联网 + 政务”、“互联网 + 农牧业”、“智慧医疗”、“智慧教育”等一系列互联网服务提供了可以实施的空间，同时也加快了西藏高新数字产业发展的进程。比如：全区在 2018 年实现网上销售额 41.6 亿元，比上年增长 41.6%，实物商品网上销售额为 18.2%，比上年增长 63.5%。此外，全区线上住房公积金业务开始便利群众，1–4 月，通过公积金微信公众号、网上办事大厅及手机 APP 等综合服务平台实现归集 203 笔，占归集总量的 13.46%，金额 8069.82 万元、占比 12.68%；办理提取业务 1387 笔、占总提取业务的 43.28%，金额 7572.36 万元、占提取总金额的 19.25%；办理贷款业务 4 笔，占贷款总业务的 1.45%，金额 248 万元、占贷款总金额的 1.32%。截止到 2020 年，全区共采集社保卡制卡数据 315 万人，累计制发第三代社保卡 298 万张，覆盖 90% 以上户籍人口，确保年底前完成 318 万张的发放任务；在全国率先实现异地及时补换卡服务，启动电子社保卡试点工作，电子卡签发量超过 5 万人次。

二、发展趋势

互联网服务业主要包括应用网络服务和基础网络服务两大类。应用网络服务主要包括网络游戏、网上交易、电子商务、网络广告、网络教育、网络短信等。基础网络服务是提供网络基础平台及数据通信保障的专业性服务提供商，其中很重要的是企业网络服务。互联网及其相关服务业的发展对地区的经济发展及产业结构优化升级都有不可替代的作用。随着互联网建设水平的提高，西藏互联网普及率逐年增加，促进了西藏经济的高速发展。西藏作为“一带一路”发展战略的重要组成部分，在自身发展过程中利用互联网在信息传播上的优势助推西藏重点产业的发展，提升西藏整体竞争力。“互联网+”能促进西藏的自生能力，促进西藏资源的探索开发和配置利用效率。

首先，“互联网+”能提升人力资源和技术水平，增加单位时间产出，提高资源利用率，使得同等自然资源要素投入下，人均产出效率提高，增加产出，提高西藏的人均产出效率，促进西藏地区间平衡发展。其次，西藏在发展中具有“非典型二元结构”特征，自生能力欠缺、城镇化发展滞后，“互联网+”可以实施人口转移战略，将农村人口吸引到城市来。再次，西藏“互联网+”能够激发更广泛的人群参与，促进观念和文化的融合。最后，“互联网+”在人力资本的提升和改善中的作用越来越凸显，在医疗、教育等方面都运用“互联网+”技术对人力资本进行优化，从根本上实现西藏经济高质量发展。

第三节 软件和信息技术服务业

一、发展现状

软件和信息技术服务业是指通过应用通信网络及电脑等技术设备对信息进行生产、采集、整理、加工、储存、检索和应用，并提供信息服务的业务活动。随着西藏产业规模的不断扩大，全区现有信息领域高新技术企业29家，自治区级重点实验室和工程技术研究中心8家，从事与软件信息技术服务业相关工作的企业有270多家，实现主营业务收入约30亿元，且专业从事软件开发、系统集成和信息服务并具有一定规模的企业达54家，其中以计算机软硬件研发、生产、销售、服务以及网络工程咨询服务为主营业务的西藏高驰科技信息产业集团为代表，现已深度参与到西藏数字信息项目的建设和运维之中。

二、主要产业

在西藏较为突出的信息技术是藏语语音识别技术。随着智能信息化时代的到来，藏语言语音识别技术运用越来越广泛，不仅能够加强西藏同藏区内各地区（卫藏、康巴和安多）之间的沟通交流，进而有效加强民族融合、增进民族团结。2019 年，为建设藏民族地方语系语料库，惠及广大民众，西藏高驰科技信息产业集团有限责任公司（简称西藏高驰）、科大讯飞股份有限公司（简称科大讯飞）、西藏大学共同在拉萨市建立藏语智能语音技术研发应用实验室。总的来说，这一实验室是推进少数民族语言语音与现代信息技术融合发展应用的重要研究平台。最终经过三方单位的共同努力研发，与藏语相关的智能语音合成、语音识别、藏汉语言互译功能成果以电脑 PC 端和手机 APP 形式呈现。目前，西藏高驰“藏译通”手机 APP 产品已经上线，此款 APP 主要以卫藏方言为主（后期将增加安多、康巴方言），涉及到文化、政治、医疗等领域的日常生活用语 400 万句，另外 APP 文字识别准确率可达 90%，语音识别转化文字准确率约在 70–80%。“藏译通”这款 APP 上线三个月以来，下载量达 8 万次。总之，藏语语音识别技术能够在西藏的公共安全、智慧医疗、智慧旅游、商业贸易、政务服务、扶贫等各个行业领域广泛应用，使西藏信息化惠及民众[①]。

① 王福钊，周雁．藏语语音识别研究进展和展望 [J]. 计算机系统应用，2020，029(003):29–38.

第四节　文化数字内容及其服务业

本文重点介绍在西藏影响力较大的广播电视宣传行业的发展情况。

一、发展现状

一方面，广播电视作为党和政府的喉舌，是意识形态领域的重要组成部分，是精神文明建设的重要阵地，更是文化事业和文化产业发展的重要组成部分，因此不断创新广播电视宣传的模式，是保持广播电视的活力，扩大对人民群众影响力的主要方式。截止到 2018 年，西藏广播电视节目套数已从 1995 年的 0 套增加到如今的 78 套，电视综合人口覆盖率达 98.21%（具体数据见表 6–1）。

改革开放以来，尤其是党的十八大以来，国家对少数民族地区广播电视项目的投入不断加大，大大提高了广播电视设备的覆盖率，从而实现了家家有电视，家家能看电视的目标。近年来，国家对西藏等少数民族地区大力实施“广播电视西新工程”、“应急广播建设”等工程项目，比如：被称为“生命禁区”的西藏西部阿里地区，通过实施“中央广播电视无线覆盖”等工程，目前阿里地区已经拥有地级、县级广播电视台 8 个，广播电视覆盖率已经达到了 89.98%，共整理收集 8 套电视节目，7 座调频广播转播台，11 座广播电视发射台，且村村通基站已经达到 770 座，向农牧区发放“户户通”设备 31340 套，有线数字电视用户达 18337 户[①]。

① 刘东升 . 边疆少数民族地区广播电视事业发展研究——基于对西藏阿里地区的调研 [J]. 西部广播电视，2020(16).

表 6-1　1995-2018 年西藏广播电视节目现状

项目	单位	1995	2010	2017	2018
广播电台	座	2	1	1	1
节目套数	套	4	4	5	5
广播综合人口覆盖率	%	55	90.28	96.17	97.14
电视台	座	2	5	2	1
节目套数	套	3	10	5	4
电视综合人口覆盖率	%	55	91.41	97.26	98.21
广播电视台	座		3	74	75
广播节目套数	套		6	24	25
电视节目套数	套			77	78
卫星地球站	座		1	1	1

二、发展趋势

随着网络的快速发展，有线电视已普及到家家户户，因此西藏全区转变经营管理理念，广播电视宣传开始主动融入市场增加社会经济效益。2011 年 12 月，拉萨被列为三网融合试点城市。“三网融合”不仅可以节约社会资源，而且可以让人们早日享受到信息化带来的便利生活。拉萨市区作为有线电视经验主体，自国家出台《三网融合总体方案》和《三网融合试点方案》等文件以来，一直从以下四方面积极准备。一是思想方面，努力寻求在三网融合背景下，有线电视如何发展的新路子；二是技术方面，通过光网改造，提高网络覆盖能力和经营支撑能力；三是业务方面，不断整合资源，优化组合，开展高清节目传输，为人民推送健康积极，喜闻乐观的节目；四是服务方面，不断规范完善业务办理、售后、维修投诉处理等流程，形成运转高效的服务链。

以阿里地区为例。党的十八大以来，阿里地区行署高度重视阿里地区电视台的发展，每年投入大量资金用于改善电视台的硬件设施。近年来，西藏阿里地区先后投资300万元制作了“天上阿里”系列电视纪录片，还开办了《阿里新闻》、《阿里大讲堂》均获得了较高的收视率和评价，此外创办的多档自办节目《清风阿里》、《藏汉双语学》等，年制作播出新闻3500余条，在传播知识，引导舆论方面起到了重要作用。

纵观西藏阿里地区广播电视台的发展，可以看到近几年西藏阿里地区广播电视台在节目创作中，主要通过以下四种方法，促进广播电视宣传的持续向好发展。第一，不断加强对吐蕃文化、象雄文化、古格文化等本土文化挖掘，牢牢把握住阿里地区一些独特的文化内容。比如：通过对冈仁波齐神山、玛旁雍错圣湖、古格王国遗址等的展现，彰显边疆特色，深受广大受众喜爱。第二，阿里地区充分发挥援藏渠道优势，先后有河北、陕西20余名援藏干部来阿支援，制作了多部优秀的纪录片。第三，加强道德观念的教育引导。西藏阿里地区电视台多次开展“藏西先锋·红色阿里”等主题教育宣传，用身边人说身边事，讲好阿里故事，增强民众的爱国情怀。第四，促进传统媒体与新兴媒体融合发展，在2019年机构改革后，成立了“融媒体中心”，开始通过微信公众平台、官方抖音等从事新媒体建设运营。

第七章　西藏传统产业的数字化发展状况

广义的数字经济即数字化经济，包括一切基于数字技术的经济活动，即除了狭义的数字经济外，还包括工业 4.0、精准农业、电子商务等，是传统产业与数字技术融合的结果。

加快高新数字产业与传统产业融合，是激活消费市场、带动扩大就业、提高人民收入水平的重要途径。近些年，西藏持续贯彻落实“互联网 +”行动计划，使得西藏互联网产业快速兴起，并逐步向一二三产业延伸，涌现出智慧旅游、电子商务、智慧物流、食（饮）品溯源、数字矿山建设、智能工厂、数字车间试点等基于互联网的新业态新模式。根据西藏实际情况可知，西藏传统产业的数字化发展主要集中在服务业、工业、农牧业这三方面，因此下面将对西藏工业、农业、服务业的数字化发展状况进行梳理，从整体上更好地把握西藏传统产业数字化的发展历程，从而激活产业发展动能。

第一节　服务业数字化

以服务业为主导的产业结构为高新数字产业发展提供了巨大的潜力。截至 2020 年底，西藏服务业产值达 953.8 亿元，占地区生产总值的 50.13%，而工业和农业各占 41.96%、7.92%，由此可知西藏正在以服务业为主导的产业结构下快速发展，我国数字经济出现“三二一”产业逆向渗透趋势，西藏旅游产业、文化娱乐产业、饮食产业、金融等产业的数字经济引领发展作用日益凸显。

一、电子商务

（一）现状特点

随着数字经济规模的不断扩大，信息消费特别是移动信息消费呈现急剧增长的态势，电子商务交易额以每年30%以上的速度递增[①]。截至2020年上半年，西藏数字经济规模达171.3亿元，同比增长22.3%。服务业领域信息化步伐加快，信息消费规模达55亿元，全区电子商务交易额达284亿元，27个县被确定为国家电子商务进农村综合示范县，电子商务企业达2200余家，网商数量突破3万家，电商从业人数1.6万余人，2020年第一季度全区网络零售额10.44亿元，增长率达10.03%，增长速度已大幅超过全国平均水平。

（二）发展趋势

纵观西藏电子商务的发展可知，一方面，电子商务为西藏特色农牧产品、手工业产品、绿色食品等提供了销售渠道，尤其是西藏农村电子商务的发展在全国名列前茅，以拉萨市堆龙德庆区为代表的县域农村电商荣列全国100强县域电商之列，京东、淘宝等代表性电商平台专门开设了西藏馆，西藏电子商务蓬勃发展态势已经显现，对于西藏夯实脱贫攻坚基础、建立长效扶贫机制起着不可替代的作用。另一方面，截止到2019年底，我国常住人口城镇化率首次突破六十大关，达60.60%。然而西藏全区城镇人口超107万人，城镇化率仅为32%，与国内平均城镇化率相比有仍有较大差距。据农业农村部信息中心发布的《2019全国县域数字农业农村电子商务发展报告》显示，未有西藏县域进入2019年县域网络零售TOP100，在各省县域农产品网络零售额（亿元）情况排名中较为靠后，仅有一家农村电商合作社，网络零售额占比及网络零售量占比为0%，在2019年县域农产品网

① 普布卓玛．拉萨市电子商务发展的机遇与挑战[J]. 西藏科技，2019，000(011):24-26.

络零售 TOP100 中，仅有拉萨市堆龙德庆区进入榜单。这说明，西藏在数字乡村发展建设方面仍有较大的提升空间。农村电商作为数字乡村建设的重要组成部分，作为精准扶贫的重要抓手，在西藏的发展仍处于初级阶段，糌粑、耗牛干、青稞酒等特色农牧产品亟需通过电商扩大销售规模，提高销售收入。同时，农村电商体系制度的完善还可以推进智慧物流的建设，使得区内人民能够通过便利的物流条件享受到区外物资，降低运输成本，更好地改善当地居民生活。

二、智慧物流

由于，西藏全区智慧物流数据存在缺失的问题，本书仅列举了西藏自治区昌都市的部分情况。截至 2020 年 7 月，昌都市云计算大数据中心（土建部分）已完成 80%，昌都市智慧交通项目已完成 68%。预计年底昌都市商贸物流业的进出口总值将超过 45 亿元，边境小额贸易增长 40%，智慧物流等基础设施建设基本完成。

西藏全区具有代表性的智慧物流包括西藏最大的云计算数据中心——宁算科技、中国移动拉萨市数据中心、中国联通西藏移动核心网关口局以及西藏领峰国际智慧物流园项目。以西藏领峰国际智慧物流园项目为例，该项目是根据“物流聚合”的规划理念，旨在建成综合性仓储转运平台，服务拉萨市及周边，同时辐射全区，搭建好我区日用百货及名优商品与内陆的联系。该项目从 2018 年 3 月建设开始，总投资约 35.09 亿元。一方面，从设计规划来看，该智慧物流园区设有仓储区、公寓区、酒店区等板块，还设计了冷鲜货品仓储区、批发市场等区域，努力打造集区域物流服务、结算中心、物流信息中心、区域分拨中心、区域配送中心为一体的国际物流枢纽平台。另一方面，从信息化智慧管理来看，该物流园将设置智能管理，建设无人承运车、智慧交易等服务平台，将园区规划形成“大物流、大数据、共融通”的智慧格局，用户的货物只需要放到传输带上，系统就会根据货物内容自动仓储分拣，商户们通过 APP 就可以实时查看货物情况。

三、远程医疗

（一）发展特点

西藏高度重视智慧医疗的建设。2018 年 4 月，根据全区实际情况，西藏自治区卫健委起草了《关于促进“互联网＋医疗健康”发展的实施意见》，并完成了七大工程建设。其中包括：智慧诊疗建设使得医疗诊断更加精准；全民健康信息平台建设通过整合各种数据，实现数据互通共享；电子健康卡建设解决了多卡并存的堵点问题；智慧医院建设大力提高了医疗服务水平的质量；远程医疗建设促进资源向下分配，实现分级诊疗；智能医疗保健项目使医保交易总结更加便捷智能。除了以上智能化的服务之外，民众还可以通过健康西藏公众号平台，在公众号上预约、挂号、导诊、查询结果，这大大提高了西藏人民就诊的便捷度。由此可见，西藏全区“互联网＋医疗健康”的建设体系相对完善，不仅让老百姓切实享受到了智慧医疗带来的极大红利，而且满足了老百姓多层次、多样化、个性化的看病需求，真正实现了让老百姓少跑腿、让数据多跑路的目标[①]。

（二）发展趋势

截止到 2019 年，西藏全区“互联网＋医疗”覆盖了 20% 以上的医院，使得医疗卫生条件更加完善。近年来，拉萨市人民医院陆续投入 3000 万元用于智慧医疗项目建设。目前，医院已逐步形成集 20 台大型服务器、2 台大型存储、30 台自助终端、900 余个终端网点于一体的初具规模的信息化医院。2020 年 5 月，拉萨市人民医院与中国联通西藏分公司挂牌成立西藏

① 梁兰 . 西藏自治区卫健委扎实推进“互联网＋医疗服务”[J]. 现代养生，2019(6).

首个5G智慧医疗联合实验室。双方将致力于共同推进5G在医疗领域的应用，共建以5G数据传输技术为核心的智慧医疗平台，在实验室资源利用、智慧医院转型方面继续深入探索。接下来，拉萨市人民医院会继续开发双方的优势资源，并使资源能够不断下沉，推广5G方面的医疗应用，从而提高医疗卫生服务质量，努力成为西藏"5G智慧医疗"标杆。此外，双方将以此为契机在进行更高更深入的合作，比如：继续建设"5G智慧病房"、"5G+云应用"、"5G+AI人工智能医疗"、"5G远程诊断和远程手术"、"5G院前救护"、"5G远程医教协同"等，并有效整合医疗行业生态圈资源，将北京、上海等内地优质医疗资源及时和便捷地输送到拉萨市人民医院，让西藏老百姓享受更加高质量的医疗服务。

四、智慧教育

（一）发展现状

随着社会的发展和人民生活水平的提高，智慧教育逐渐普及并受到社会各界的认可，可以说智能化教育和建设任重道远。近年来，西藏各高校也不断进行智慧校园、智慧教室的建设，西藏智慧教育的发展逐渐成熟。2018年，西藏实施以"互联网+教育"以来，西藏90%以上的学校实现了宽带网络接入，平均每一百名学生就拥有8.22台电脑或其他信息化终端，处于全国中等水平。截止2019年底，全区学校的多媒体教室覆盖率不断上升已达到73%，据统计，现全区中小学已建设9484间多媒体教室；建设计算机教室789间，覆盖率达84%；全区中小学校教师拥有的计算机比例达100%。截至2020年7月，西藏重点信息化工程项目不断推进，总投资达72.63亿元，"互联网+教育"已覆盖全区51%义务教育阶段学校。

（二）主要项目

为完成2019年西藏自治区《政府工作报告》关于智慧教育的任务要求，

西藏自治区教育厅会同自治区经济和信息化厅、西藏高驰科技信息产业集团召开“智慧校园”建设推进工作座谈会。会议对“智慧校园”建设的重要意义、任务目标、整体规划达成了统一认识，研究了《关于加快推进“智慧校园”建设的工作方案（征求意见稿）》全区发展多种教育云平台。西藏教育珠峰旗云平台已完成了同国家数字教育资源平台、学而思教育资源平台、统编三科教材数字资源的对接工作。目前，该教育平台所包含的内容涵盖小初高各科，汇集了诸多名师名课，切实保证了每一门课程都足够优质，每一位老师都足够专业负责，保证了继续教育资源、网络思政资源库、数字资源库、职业教育资源库、法治教育资源和藏语言教学资源库等资源的充足完整，为广大师生提供了多样且高质量的教育教学资源，缩小了西藏与其他省市数字教育的鸿沟。

五、金融科技

服务业数字化是目前西藏推进产业数字化的重点领域。就服务业细分行业来看，高新数字产业与金融业的深度融合以金融科技的创新应用为核心、以数字普惠金融的大规模实施为标志，广泛应用于支付交易、风险防控、产品创新、信贷保险等多个领域，金融业数字化是目前数字化程度相对较高的产业领域，也是大有可为的一个领域，对于发挥金融体系对资源的优化配置作用具有显著的促进作用。目前，西藏各类债务证券融资余额增长70%以上，金融机构各项本外币贷款余额增加 150 亿元，全区金融业增加值达 122.6 亿元，西藏金融业增速较快，对经济贡献较大。①

截至 2019 年末，西藏已在 21 个边境县 112 个边境乡设立 108 个银行机构，其中机构网点 292 个。如：“农业银行西藏普兰支行冈仁波齐

① 《2020 年西藏自治区政府工作报告》

营业点”是世界上海拔最高的银行网点之一，它建设在冈仁波齐峰下，海拔高达4800米。通过各界努力，2018年农行西藏分行，结束了长达23年的手工作业历史，实现了电子化联网，进入了电子化时代。西藏通过加强对边境地区的的扶贫支持力度，增加边远地区和边境地区的物理网点建设、从而增强了农牧民扎根和守护边疆的决心。比如：西藏边远地区的城乡妇女和农村创业青年都可以享受小额贴息贷款、创业小额贷款，农牧户联保贷款等产品，这些产品优惠力度大，鼓舞了边疆地区人民投资的信心。全区在不断完善农业农村保险制度，提高对农牧民生活的风险保障，一方面中央把育肥猪加入补贴保障的范围之内，这一政策直接为林芝市老百姓提供了7000多万元风险保障，保证了林芝市边境地区约7万余头育肥猪的生长。另一方面，从2017年到2019年，这三年期间西藏不断下发相关政策，其中种植业保险共177.27万亩；涉农保险累计承担保证了边远地区农牧户的牛、羊共计1066.1万头，其中还为21个边境县提供了3797.77亿元的风险保障资金，三年共赔付13391.30万元；家庭财产保险承担农牧民住房保障26.85万户；种植大棚保障1.6万栋，累计受益农牧民13.37万户，从而促进了农牧民生活水平的提高。由此可见，西藏金融科技业发展较为平稳，如何推进其高质量发展是亟需解决的问题。

近年来，西藏的金融业务发展巨大，从野生动物肇事保险业务、“马背银行”、“摩托车银行”发展到现在的电子化联网，甚至通过藏文版的手机银行软件就能完成各种金融业务的办理。首先，在西藏脱贫攻坚过程中，金融机构通过运用金融工具，不断整合银行保险业务，加速推进对符合条件建档立卡贫困户的有效贷款需求。其次，在就业创业方面，不断健全基层银行服务，增加就业岗位，吸引更多的农牧民就业创业。此外，在产业发展方面，不断发展培育持续增收的项目产业，培植地方财源，促进农牧民收入的提高。最后，在野生动植物事件上，由于西藏动植物种类丰富，近年来有关野生动植物肇事事件频发，这些事件不仅危害了生态资源，而且严重损害了老百姓的生命财产安全，许多地方本来已摆脱贫困，但因为某些事故的发生，导致再次陷入贫困，令人痛心。为平衡好动植物与经济发展的关系，2015 年西藏在全国创新开办野生动物肇事保险业务。这项保险业务开展的几年来，21 个边境县城 4.95 万户农牧民受到保障，累计赔付金额为 1301.22 万元，此外共赔付其他老百姓 2.37 亿元，累计为西藏全区农牧民群众提供了 11504.68 亿元的风险保障。由此可见，这一业务正是当前西藏金融业支持脱贫攻坚的一个缩影，惠及全区所有农牧民。

六、智慧旅游

（一）西藏旅游现状

随着青藏铁路通车，西藏已形成了公路、铁路、航空等立体交通网络，这一立体网络的实现促使西藏旅游业得到了快速发展，并形成以拉萨市为圆心，辐射全西藏的多条旅游线路。截止到 2019 年，西藏现有 A 级及以上景区 127 个，旅行社 310 家，星级饭店 165 家，全年旅游收入 559.2801 亿元，旅游业对于西藏经济社会发展的贡献度可见一斑。此外，西藏特色旅游文化产业全域发展，旅游产业龙头地位进一步提升，接待国内外游客突破 4000 万人次，增长 19%，收入 560 亿元，智慧旅游产业基础环境初步搭建完成[①]。

由表 7–1 可知，越来越多的国内外游客选择到西藏旅游，西藏旅游业收入持续增加，由此可见旅游业在西藏社会经济发展中发挥越来越重要的

① 张鹏．基于拉萨市堆龙德庆县旅游发展总体规划的探析 [J]. 林业科技情报，2020, v.52； No.191(03): 115–116+119.

作用，对于促进乡村振兴、成果共享等方面都有重要意义，因此要积极为西藏经济社会发展注入活力，为美丽中国建设注入源源不竭的动力。

表 7-1　1995-2019 年西藏旅游人数及旅游收入[①]

年份	入境游客总人数	国外游客	国内游客	旅游总收入（万元）	国内旅游总收入	国际旅游外汇收入（万美元）
1995	67814	65428	138784	21375	6340	1130
1996	75003	72580	250465	23258	7835	2955
1997	81800	73412	284810	25974	10338	3172
1998	96444	87039	290199	26491	10998	3302
1999	108224	98966	340323	57000	22234	3630
2000	149441	134539	458894	67462	25834	5226
2001	127148	116440	558968	75053	37053	4638
2002	142279	129617	725041	98777	55899	5166
2003	51120	45685	877519	103723	88028	1891
2004	95816	88797	1127282	153195	122817	3660
2005	121308	111018	1679315	193524	157536	4443
2006	154818	136159	2357285	277072	228929	6094
2007	365370	338744	3664068	485160	383152	13529
2008	67997	62934	2178450	225865	204237	3112
2009	174910	162458	5435720	559870	506088	7873
2010	228321	214136	6623069	714401	644001	10359
2011	270785	249026	8426820	970568	886341	12963
2012	194933	174631	10388936	1264788	1198017	10570
2013	223198	187153	12687370	1651813	1572633	12786

① 数据整理：《1996-2020 年西藏统计年鉴》

2014	244401	199965	15287012	2039989	1949992	14469
2015	292610	142592	19882695	2819203	2710610	17666
2016	321902	211172	22837516	3307512	3188022	19439
2017	343500	268800	25270800	3793700	3662500	19751
2018	476187	241630	33211069	4901421	4737396	24709
2019	541900	369133	39579622	5592801	5404389	27907

（二）主要项目

为促进西藏旅游业进一步发展，提升游客体验，西藏致力于打造“智慧旅游”产品。其中，山南市开展“云旅游＋”发展的新模式，主要采取三种方式，一是开启“云旅游＋线上互动”举办一些“宅游山南”、“约定山南”等线上互动活动，在“西藏山南旅游”微信公众号开设“藏源山南”、“畅游山南”、“旅游互动”栏目，提供民俗文化、特色美食、住宿咨询、旅游线路推荐等个性化服务。二是开启“云旅游＋现场直播”精选覆盖穿越喜马拉雅之旅、一川三湖之旅、边境生态休闲之旅等8条精品旅游线路进行视频直播，2020年3月，对山南市乃东区多颇章乡开耕节进行全程直播，在线观看人数7000余人，播放量达两万余次。三是开启“云旅游＋健康养生”，推出“天然氧吧”、“洗肺之旅”等旅游线路和全国医务工作者免费游“山南19景”活动，在央广网、环球网等11家媒体进行宣传，总曝光达1000万余次[①]。

一方面，西藏旅游推出了雅鲁藏布大峡谷索松村、鲁朗花海牧场、雅尼湿地等一批新的旅游景区，并将智慧旅游思维贯穿到景区的建设中，切实提高游客体验。比如：巴松措打造“遗忘码头”、水上无动力项目，受到游客欢迎，此外西藏旅游还开发水上林卡、水上会议等特色产品，完成

① 云旅游＋”助推我市旅游业发展，山南市网，http://www. xzgg.gov.cn/ cgly _4154 / 202004 / t20200428_3040952.html.

遗忘码头生态圈的打造。另一方面，西藏通过互联网以及卫星遥感等高科技，增加游客的沉浸感，实现精准识别精准“施策”。如：游客只需携带北斗导航相关服务设备，就可在走到某个景点前自动收听这一景点的详细介绍；游客去参观相对偏远的地区也可以利用北斗导航精准定位，且在发生意外时，也可依托这个系统向外发出求救信号，实现永不失去联系，帮助游客解除顾虑，进而大幅提升进藏游的信心和决心，这一系统对于西藏旅游产业发展具有重要影响。此外，依托于北斗的精准定位与通信系统，如果有游客发生意外，或者景区发生任何安全隐患，救援队伍和相关部门可在第一时间奔赴现场[①]。

第二节 工业数字化

西藏特色农牧业和特色工业为产业数字化发展提供新的方向。据中国电子信息产业发展研究院发布的《2019中国数字经济发展指数》显示，西藏采矿业数字化、电力行业数字化在逐渐发展。西藏中材祁连山水泥有限公司、华新水泥（西藏）有限公司等水泥制造商运用数字信息基本实现了采购、仓储、生产、装车全流程智能化；藏木水电站积极推进数字化升级，已实现生产、监测、安全监控等多方面的智能化管理。此外，西藏积极推进制造业“双创”及工业云等服务平台建设和创新服务模式，全面提升行业系统解决方案能力。推动工业互联网研发应用，制定工业互联网总体发展框架，组织实施企业管理能力提升工程，形成工业互联网健康发展新生态。坚持供给侧结构性改革，推动工业数字化发展，不断优化产业结构，激发工业发展动力，建设具有高原特色、西藏特点的现代工业体系。

---

① 杨翠.关于林芝市旅游品牌建设的思考[J].西藏发展论坛，2018，163（03）:56-60.

一、数字矿山

目前，西藏矿山的发展逐渐与数字化融合。玉龙铜业“智慧矿山”项目、华泰龙矿业“数字矿山”项目等一系列矿产行业通过与数字化信息融合，实现了资源配置更加高效、环境更加友好、决策更加智能的目标。

2007 年 12 月，在西藏自治区成立的由中国黄金集团公司直属控股的西藏华泰龙矿山开发有限公司是主要以开展铜为主的多金属矿产开发业务，生产的产品主要有铜精矿、钼精矿等，注册资本 17.6 亿元，资产总额 106.50 亿元，员工总人数 1309 人，其中藏族员工 337 人。截止到 2017 年底，该公司累计实现产值 54.35 亿元，实现利润 9.55 亿。

但随着生产流程和工艺逐渐从依托劳动力向依托信息技术方向转变，智能化和自动化网络化生产越来越普及，矿山行业逐渐面临着国内劳动力成本上升，开采条件日益恶劣、安全事故多发和日益提高的环保力度等压力[①]。此外，地处高寒高海拔且少数民族政治敏感地区的甲玛矿区，面临着空气稀薄含氧量低、采矿工艺复杂、作业环境恶劣、人员流动性大等问题，种种压力促使传统企业管理模式不得不转型升级，技术与装备不得不进步。智能矿山的建立，不仅可以提高劳动生产率达到 90% 以上，而且可以提高安全度；实现真实数据远程共享，通过大数据分享指导生产决策；提升矿山国际竞争力，增加矿山企业的效益，提高企业的竞争力。

总之，智能矿山是一种实现生产对象、生产方式、生产过程、安全保障、经营过程、决策过程数字化的重要方式。目前，华泰龙公司智能矿山已完成功能系统 21 个，投入资金共计 2055.73 万元，在建项目 8 个，已投入资金 4944.5 万元，待建项目 18 个，预算经费 6525 万元。此外，西藏冈底斯构造带孕育了复杂多样的矿床类型和众多的优势矿种，拥有世界级规模的

① 陈亮 . 基于本地劳动力就业的产业选择研究 [D]. 南京农业大学 .

铜、铁等多金属。据资源评价和地质勘察结果显示，仅中东段的西藏冈底斯成矿带，铜、富铁矿的资源量预期分别可达 23×106t 和 200×106t 以上。但西藏冈底斯构造带开采难度、矿体赋存复杂程度均属世界罕见。因此，要想真正开发好矿产资源，必须要全面贯彻落实生态文明建设，打造现代智能化的矿山，实现可持续协调发展，最终打造形成西藏地区的绿色矿山示范区①。

二、数字手工业

（一）现状特点

近年来，民族手工业作为自治区六大特色产业和支柱产业之一，呈现出前所未有的发展势头。政府也提出许多相关政策如：《坚持和完善对民族贸易和民族特需商品定点生产企业的优惠政策》等，为稳步推进民族手工业的发展，做大做强民族手工业提供了一系列的政策保障。目前，西藏手工业发展前景良好，优点明显。

第一，西藏民族手工业效益提升，产业初具规模。2019 年，西藏民族手工业市场规模约为 18.7 亿元，同比增长约 12.6%。其中，行业净利润约为 3.9 亿元，缴纳税额 1.2 亿元。2017–2019 年西藏民族手工业市场规模年均增速超过 11%，行业增长较快。2017–2019 年全区年均手工艺品制造和销售企业数量增速超过 10%，同期行业利润的增速超过 15%。

第二，西藏民族手工业品种丰富，区域特色突出，富饶的矿产资源和野生动植物资源为民族手工业发展提供了丰富的原料，也为种类复杂品饰繁多的民族手工业品生产奠定了很好的基础。据统计，西藏民族手工艺品

② 李祥妹，陈亮 . 基于本地劳动力就业的产业选择研究 -- 以西藏自治区为例 [C]// 中国农业技术经济学会研讨会 .2012.

花色品种多达2000余种，主要有唐卡、邦典、民族家具等以及其它工艺美术品、旅游纪念品。此外，不同的地区集中生产不同的产品，因此产品差异和集中程度都有明显的地域特征。如：拉萨市主要生产地毯、唐卡家具、室内装饰品等；山南市盛产邦典、陶器等，受到游客的高度关注，且许多民族手工艺已列入非物质文化遗产。

第三，西藏民族手工业辐射面广，带动能力强。民族手工业是西藏人民的智慧结晶，延续着藏族文化传统，且与众多产业发展一脉相连，互相影响。不仅对全区就业作用显著，而且促进了全区经济、社会环境的发展以及辐射和带动其他产业的繁荣。截至2019年底，西藏全区从事手工业的人数为7.3万人，民族手工业的繁荣快速发展，一方面解决了大部分老百姓的就业问题，直接带动就业人数达2154人。另一方面，许多农牧民不再从事单一的农牧业、种植业，而是选择加入民族手工业的行列，这一趋势大大提高了农牧民的收入，不少农牧民因此脱贫致富，走向小康生活。由此可见，民族手工业这种指尖经济已经成为全区实现精准扶贫、带动就业、促进农牧民增收，并最终实现乡村振兴的重要途径[①]。

（二）主要产业

目前，拉萨市民族手工业园区、昌都市经济开发区民族手工业园、尼木县民族手工业园区、白朗县民族手工业园区、扎囊县民族手工业园区是已投入使用或在建的几个工业园区。

西藏民族手工业作为传统手工艺是保护和发展的对象，目前受到社会各界的大力支持，如何在保护手工业发展的同时，做好积极的宣传推广是目前全区亟待解决的问题。其中，西藏阿云电子商务有限公司成熟的创新营销策略使其成为典型示范公司。一方面，该公司通过创新发展建设自有

① 西藏自治区“十三五”时期民族手工业发展规划，西藏自治区人民政府，http://www . xizang. gov. Cn / zwgk/xx fb/ghjh_431/201902/t20190223_61961.html

的“藏货通天下藏品购物”平台，获得极大的经济效益。该平台以经营销售西藏特色农产品、手工艺品为主，并在界面设置不同板块销售西藏各地（市）特产，而公司旗下相关平台也都有相关联的链接，点击便能直接进入购物页面[①]。另一方面，该公司与“四通一风”[②]达成合作协议，将建成系统的配送体系，实现送货上门的快递服务，解决“最后一公里”问题。此外，该公司有专业的培训考核制度并设有专门的人才培养计划，通过校企合作开展商务系统干部电子商务培训班，在为学生提供实践实习机会的同时，提高学生们的电商技术应用能力，并为公司培养后备人才。与此同时，该公司也承担了许多社会责任，参加中国国际进口博览会，多次与巴基斯坦、日本等国家及中国澳门地区对接，商谈进出口合作，互通有无，影响良好。总体来说，该公司通过电商扶贫，在西藏各地（市）26个县进行电子商务援助营销工作，经过不断的发展壮大，该公司已通过12个村级电商服务站，收集了本地106种农牧特色产品在平台销售，并且培训当地学员开设了33家淘宝等网店，兼顾了社会效益和经济效益，受到社会各界的好评。

“互联网+手工工业”是展示西藏优势资源，促进西藏“大众创业、万众创新”，是为更好地招商引资，吸引内地企业来藏投资开店的重要方式；是利用西藏特色资源特色工艺，结合内地销售理念，促进工业多样化发展的重要途径。拉萨市堆龙德庆区东嘎村的西藏古传民族手工业有限公司是一家主营设计和制作西藏民族帐篷、门帘、藏装、民族针织品、工艺品等的企业[③]。该企业集实业和公益为一体，通过教授残障人士制作西藏传统手工艺品的技能，让他们合格上岗，并定期举办员工技能大赛，对评选出进步最大和技术最强的员工进行嘉奖，促进员工们的积极性和上进心。

---

② “互联网+”背景下西藏民族手工业营销策略，参考网，

https://www .xzbu. Com / 3 / view – 15128855.htm.

① （四通：申通快递、圆通快递、中通快递、百世汇通，一风：顺丰速运）

② 欧阳无畏，韩敬山 . 藏尼游记（一）[J]. 西藏民族学院学报：哲学社会科学版，2016.

这些残障人士通过自身的努力劳动，每月能得到2500元至4500元不等的工资，这大大改善了他们的生活条件，使他们真正做到了自食其力。2018年，在拉萨市堆龙德庆区人民政府的许多优惠政策的扶持下，该公司营业额达到700多万元。此外，公司总裁旦增罗布利用大学所学的计算机专业知识，设计开发了“藏社”网站和客户端平台，方便客户在网上订制个性化产品，通过公司员工的共同努力，该公司将在拉萨市堆龙德庆区的工业园区进行二期建设，预计在3年内解决1000多人就业。

（三）发展问题

对西藏手工业发展的历史与现状分析，有利于将手工业发展过程中所出现的问题进行归纳总结。袁中华等（2006）提出民族手工业在许多领域都有重要作用，比如：对外贸易、农牧业、旅游业的发展具有积极地促进作用。常君爱（2012）认为民族手工业最明显的特点是行业繁多、门路广、投资小、收益高，且民族手工业在许多地方都是劳动密集型产业，证明民族手工产业易于吸收社会劳动力，组织生产灵活，提出应该看到西藏手工业发展存在结构失衡的问题，整体来看西藏手工业竞争力较差，附加效益低，发展水平不高，许多优秀的民族手工业产品在缺乏保护的状况下已经开始出现衰退甚至濒临失传的境况。王大海等（2013）指出西藏地区的民族手工业发展依然实行的是以分散发展，小规模发展的低产业发展模式，仅以初级低要素资源投入为主，竞争力较低。于姣（2016）认为就西藏手工业的发展前景广阔，西藏手工业在维护社会稳定、促进全区经济发展、保护弘扬民族文化、繁荣民族产业方面都有不可估量的作用。刘国、刘玉和扎西（2017）认为市场不是一成不变的，而老百姓抵御风险的能力不足，无法实现资源最优配置的目标，在信息不完全不对称的情况下无法实现个人利益最大化，深究原因就是民族手工业专业化分工不够，许多产业分工过于粗糙，缺乏精细化管理[①]。

---

① “互联网+”背景下西藏民族手工业营销策略，参考网，https://www. xzbu. Com / 3 / view – 15128855.htm.

综上可见，西藏民族手工业的发展存在一些问题。第一，产业总体规模较小，企业存在分散、小型、发展较弱的状况。手工业多采用家庭作坊的形式，主题层次不齐，没有形成规整的市场群落，无法实现产业规模效益。例如：尼木县吞巴乡虽然有220多户在从事藏香生产经营，但同质化严重，缺乏统一标准，综合效益低下。第二，生产效率低，设计生产制作的工艺较为落后。目前，西藏民族手工业企业使用现代工具的企业较少，所用方法大多是祖传，所用的机器甚至同三百年前的结构用法相似，落后的生产设备以及简单的工艺使得企业竞争力弱，特色产品研发能力不足。第三，市场定位过窄，品牌意识较为淡薄，营销理念不够先进。西藏的特殊的地理位置以及神秘的文化与加工技艺，本该使得西藏的工艺制品拥有超高的辨识度与差异性，然而调研显示，手工作坊生产的产品过于注重实用性，而缺失了西藏产品所应该具有的独特性、艺术性和文化内涵，所以难以满足人们对现代消费市场的多元化需求。第四，西藏民族手工业品牌意识较为淡薄，产品虽然优质，许多优秀的民族手工艺品一直在国内外享有盛名，但这些极具西藏特色的产品并没有形成独立的品牌。一方面是因为大多数企业没有进行商标注册，更没有系统的产品包装服务，加之缺少管理和营销理念，不注重宣传推广，一直都未能培育出国际国内知名品牌。另一方面是因为民族手工业原产地标识的设计认证工作滞后，导致许多工作延期，品牌认证失败。第五，在营销方式上，西藏民族手工艺品大多采用传统的店铺摆摊营销方式，通过开设网络店铺或者进行微商销售、电子商务等新型互联网销售模式的非常少，因此售卖渠道不够广泛，没有产生最大的经济效益。

（四）发展趋势

根据调查，西藏手工业商品市场中，西藏本土产品的比重最少，占比20%；部分商品来自尼泊尔、印度等国家，占比25%；而来自云南、江浙、四川、广东的商品占比高达55%。而外来产品大多是模仿藏式生产，本地产品由于缺乏规划与指导，产品同质化严重，文化表现力弱，竞争力逐渐降低。因此相关部门逐渐重视营销平台建设，创新民族手工业传播方式，结合当地特色，积极展销名优产品，拓宽营销渠道，并形成以下发展特点。

一是要加快“互联网+模式”的推广，利用现有的平台开展网络销售，充分发挥“互联网+特色餐馆”、“互联网+商品销售馆”及“藏商汇”、“南亚货达通”、“藏货通天下”、“爱西藏”等平台的作用，主动适应商业发展的新要求。

二是在节假日及博览会期间，积极向世界各地推广优秀民族文化作品并打造一批优秀的民族手工业艺人，比如：开设文艺展览对优秀大师级别的作品进行定期展演，鼓励社会各界及骨干企业和民间艺人的参与，组织一批优秀手工艺品人才参加经贸展销会和工艺品展销博览会。

三是积极推广民族手工艺品线上线下合力发展，在拉萨市等地开设民族服饰及民族手工艺品线下综合体验馆，鼓励明星网红对民族手工艺品进行直播带货，扩大民族手工艺品的销售途径和销售规模，引导民族手工业与电子商务融合发展。

四是善于运用新媒体平台，加大宣传，以时尚、商业定制、公益教育等形式探索开发合适的传播渠道，扩大西藏民族手工业文化的影响力。

五是为促进各产业快速融合发展，发挥产业的集聚效应，比如：将民族手工业与旅游业相融合，打造民族手工业文化旅游示范基地，并探索手工业与旅游文化业融合发展的新模式。加快推进拉萨市民族手工业集中区、日喀则市亚美民族文化产业区、白朗县民族手工业园等园区建设，在那曲市、阿里地区培育有地区特点的民族手工业材料供应及加工制作基地。改善各地园区网络、电力、水资源等基础设施建设和功能提升改造，积极鼓励推动民族手工业产业不断集聚，吸引民族手工业企业入园发展，最终形成一批集聚效应突出、孵化功能明显的手工业产业园，进而推动西藏经济发展。

第三节　农牧业数字化

一、发展现状

截至2020年7月，西藏农牧云平台完成招投标工作，“互联网+农牧业”继续推进，一大批数字化项目开始试点，比如：青稞种植监测、农业设施数字化、畜禽养殖业数字化。以家庭农场、合作社、龙头企业等为代表的新型农牧业经营主体，依靠互联网思维和技术改造流通方式、管理方式和经营方式，在林业、种植业、畜牧业、农产品质量安全、农牧业电子商务等领域，发挥着建设现代化农业和精准扶贫中的重要作用。全区农业农村大数据中心、农牧业遥感中心、农副产品质量安全追溯服务平台顺利建成，物联网在农业生产中的大面积应用，使农业管理效率大幅度提高，农业生产经营效能显著提升[①]。

党的十八大以来，数字农业农村建设取得里程碑式进展。对比全国其他省市数字农业农村发展情况，2018年，西藏农业数字经济占农业增加值比重为7.3%，到2025年将提升至15%。2018年，西藏农产品网络零售额占农产品总交易额比重和农村互联网普及率，分别是9.8%和38.4%，到2025年将提升至15%和70%。《2019中国数字经济发展指数》指出，西藏虽然在数字经济产业指数的整体评估、产业规模、数字经济融合指数等方面落后于其他省份，但是在农业数字化方面，西藏指数位列第一梯队，达到40以上，远高于全国各省份的农业数字化平均指数的33.6。虽然农牧业在西藏地区生产总值中占比较小，但西藏的农牧业在西藏经济领域中占有基础性的重要地位。同时，在绿色食品和饮料加工领域，西藏具有独特的竞争优势，尤其是藏药的原材料种植和养殖对比其他省份具有特殊优势。

① 徐兴利，黄家伟．数字农业农村发展再谱新篇[J].食品界，2020，No.80(03):10-17.

由于西藏的农牧业发展存在生产技术相对落后，信息严重不对称、人口密度低、物流成本高和生产力较低等诸多问题，所以通过互联网改造西藏农牧业的交易效率和生产力的巨大潜力空间，如：把物联网技术运用到规模化种植、养殖中，推广互联网和解决交易信息不透明不完全状况和提高交易效率。通过“互联网＋大农业”的农业现代化，不仅有助于提高农牧民收入，更有助于彰显社会公平。

二、相关产业

近年来，西藏不断推动科技创新，使得农牧业进一步发展，进而提高了农牧民收入水平。数据表明，科技进步对西藏农牧业增长的贡献率已达45%。西藏政府累计投入财政资金5437万元，着力推动青稞、牧草、牦牛、绵羊、藏猪等农作物和牲畜的产业化。如：西藏农科院历时19年选育的青稞新品种“藏青2000”，累计带动农牧民增收1.5亿元①。还有主打青稞饼干、面包、月饼、沙琪玛等产品的西藏嫫啦饼艺生物科技有限公司在青稞饼干制作工艺方面获得三项发明专利，达到了“企业增利润、农牧民增收入”的双赢局面。数据表明，西藏已拥有数量超过1200家的活跃淘宝店铺，其中许多店铺售卖的冬虫夏草、牛肉干等西藏特色产品受到网友欢迎。目前，西藏正在大力发展电商经济，从电子商务进程来看，西藏已有27个县（区）被列入国家级电子商务进农村综合示范县。2018年，西藏农特产品网络销售额近5亿元。西藏已有5000余家涵盖方方面面的电商企业和3万余家网络店铺。比如：阿里巴巴与西藏深度合作数字化建设，阿里巴巴持续通过多场公益直播的方式，带动西藏农产品上行，促进农牧民群众脱贫。比如：

① 西藏农牧业科技进步对经济增长贡献率达45%，新浪网，https://news. sina. com. Cn / o / 2017-09-26/doc-ifymeswe0089228.shtml

西藏的牦牛肉、黑枸杞、天然饮用水等在当地县域干部和淘宝主播的推荐下引起网友的关注。

三、建设要点

第一，西藏全区在逐渐推进种植业信息化、畜牧业智能化、养殖场数据直联直报、渔业智慧化、质量安全管控全程化，使农产品生产规范化、标识化、商业化、溯源化。通过升级改造发展智慧水产养殖和渔船终端设备，建设渔港综合管理系统，发展智慧水产养殖。挖掘相关信息深度应用种植业大数据，研究开发推广动植物具体信息获取技术装备，发展社会种植业大数据平台功能。鼓励发展基于互联网的新业，如：众筹农业、定制农业，推进新业态多元化发展，积极鼓励电子商务进入农村起到综合示范的作用，鼓励智能休闲农业项目发展。

第二，全区关键技术装备创新进步明显。一方面西藏自治区不断进行农牧业的改造和提升，促进了农产品的柔性加工技术和5G技术的发展。与此同时积极推进"区块链+农业产业"的建设力度，提高了西藏数字化农业产品和农业战略技术储备。另一方面，西藏不断开展3S、智能控制模拟感知等产品的应用与示范，增强农牧业的技术集成操作水平，推广了一批规范典型的农牧业示范园案例，与此同时通过研发农业机器人、无人机智能化集成应用，以及深入探究人工智能领域的推广应用技术，数字农牧业科技创新平台已正式投入使用，极大地提高了农牧业生产发展的效率①。

第三，全区在重大工程设施建设方面不断加强。通过建设国家农业农

① 擘画数字农业农村发展新蓝图——农业农村部负责人解读《数字农业农村发展规划（2019-2025年）》，中国农业网，http://www.moa.gov.cn/xw/zwdt/202001/t20200121_6336408.htm.

村云平台、国家农业农村政务信息系统、国家农业农村大数据平台，通过实施西藏自治区农业农村智能大数据中心建设工程，有效提高了农业农村领域科学决策水平的管理服务能力。实施农业农村天空地一体化观测体系建设工程，重点加强农业农村“天网”“空网”“地网”建设，推动对农业生产和农村环境全方位的实时检测，打造数字农业农村综合服务平台[①]。

② 数字农业农村发展主要建设内容，网易网，https://www. 163.com/ dy/ article/ G9DOKQHD0538969U.html.

第三篇　案例篇

第八章　数字政府建设的典型案例

第一节　西藏“互联网 + 政务服务”一体化平台

为推动西藏各地（市）政务服务与互联网更好实现互联互通，同时促进各地（市）政务服务平台的标准规范化，西藏整合资源、优化流程，加快一体化在线政务平台建设。西藏各地（市）在线政务服务平台把着眼点放在企业与群众关注点热点难点问题，推进一体化平台从政府供给导向转为群众需求导向，为优化营商环境、激发市场活力、便利人民群众提供强力支撑。

一、一体化平台建设基本情况

2019 年底前，西藏自治区一体化在线政务服务平台线上建设完成并投入运行，实现了西藏自治区政务服务“一张网”，简化了群众办事的繁琐程序，同时促进了各地（市）政务服务大厅建设。西藏一体化在线政务服务平台同国家政务服务平台良好对接，按照国家标准建立一体化平台标准规范制度、安全保障制度与运行管理制度。截止 2020 年底，西藏自治区政务服务平台依照国家标准不断加强各地（市）部门数据共享，服务于不同地（市）的政务需求，“一网通办”能力显著增强。

西藏自治区一体化平台有四个子平台共同构成，分别是互联网政务服务门户、政务服务管理平台、业务办理系统和政务信息资源共享平台，平台的建设可以极大的简化群众办事程序，提高政府工作效率，实现了政务服务统一申请、统一受理、集中处理、统一反馈和全流程监管等功能。互联网政务服务门户：是政务服务实施机构为自然人、法人提供互联网政务服务的入口；政务服务管理平台：它承担政务服务管理的职能，是进行政务服务事项管理、运行管理、监督考核等的工作平台，它既是政务服务门户信息的源头，同时也是业务办理系统接入的通道；业务办理系统：它是政务服务实施机构用于内部审核批准的专门系统，可划分为国务院部门政务处理系统、省级部门统建政务办理系统、市级机构统建政务办理系统；政务信息资源共享平台：它发挥着支柱性作用，支撑互联网政务服务门户、政务服务管理平台、业务办理系统的运行，它同政务服务事项库、办件信息库、社会信用等为代表的业务信息库和以共同分享的人口信息、法人单位、自然资源、空间地理为主要内容的基本信息资源库互联互通，形成庞大的信息网络。

二、一体化平台的建设亮点

（一）优化政务服务流程

西藏自治区一体化政务平台根据“一网通办”的要求，优化政府政务服务流程，以一体化在线政务服务平台基础为支撑，推进信息数据资源共享互认，并压缩办理环节、精简办事材料、缩短办理时间，群众办事更便利。同时，一体化平台针对开办企业、审核投资项目、审批建设项目等覆盖多个部门区域的事项处理流程，积极推动实现一张清单告知、一张表单申报、西藏自治区一个平台流转，激发企业投资活力。西藏自治区一体化政务平台同时通过程序优化、整合资源、数据共享，实现审批简化、监管强化、服务优化，积极推进政务服务事项达到“一窗受理、一次办成”。

（二）融合线上线下服务

西藏自治区以一体化在线政务服务平台为依托，推动线上线下立体化的平台体系深度融合。目前，西藏自治区已建立了互联网政务服务平台，其中多数平台已经覆盖了市、县两级，线下立体化的平台体系已初步形成。西藏自治区一体化平台首先以各地（市）的实体政务大厅为核心，具备统一的服务界面；其次线上线下管理机构实现联动管理机制，搭建了全程留痕的服务监督体系；最后线上线下服务融合在一定程度上打破了部门边界，持续提高办事材料线上线下共享复用水平。

（三）推广移动政务服务

西藏各地（市）以教育、卫生健康、安全社会保障、住房城乡建设等领域为关键点，积极拓宽政务服务端口，着重选取覆盖面广、应用频繁的政务服务事项面向移动端办理，实现更多政务服务事项完成线上处理。积极推动移动政务服务平台移动端的建设，首先连接各地（市）有关部门的移动端政务服务资源，实现全区一体化的分级运行、协同联动体系；其次强化对各级政务平台移动端的监督管理，加强注册认证、安全检测、应用下载与使用推广等规范建设；最后一体化政务服务平台应当充分发挥“两微一端”的新媒体优势资源，积极利用第三方平台不断拓展政务服务渠道，提升政务服务便利化水平。

三、一体化平台存在的问题

（一）“互联网 +”带来的限制

“互联网 + 政务”的两个方面应该是处于同等地位，技术和体系两者平等对立，缺一不可，但西藏自治区一体化政务服务平台它本身偏向于信息化。同时，在运行过程中需要进行大力宣传推广，这便决定了西藏自治区一体化政务服务平台的设计更多集中于标准化的线上办理，而不能做到各地（市）因地制宜，标准化的体系只能确保程序设计业务中的逻辑顺畅，弱化对各类现场处理事项的管理和支持，从而给地方政府带来一定程度的困扰。若是西藏自治区一体化政务服务平台无法针对多样化的需求，各类不一的行政大厅提供功能完善的受理办理系统，下级各地政务部门一定会根据需要进行单独处理，如此一来便会出现两套不一致的体系，两套互不相通的数据，从而增加二次录入的工作量。

（二）过渡期是完善标准化体系的必要过程

西藏自治区政务服务平台的一体化建设最为关键的是事项名称、子项划分的协调统一，目前西藏各地（市）也在积极推动政务标准化体系化建设。然而从目前西藏的实际情况看来，各个区域大量存在着权力承接不一致，大部分地区的基本事项无法完成简单的统一目录划分；从另一方面看来，如：不动产、工商等众多地方自建的系统针对事项业务的划分同当前政务服务一体化标准化的要求也不完全一致，从事项的逻辑连贯性上面无法完成统一。西藏自治区政务服务平台一体化是当前发展的必然道路，也是根本解决西藏地区精准精确服务和业务协同问题的基石，然而其中一定会有一段相当长时间的过渡期，需要积极认真对待。

（三）对政务服务需求的个性化

西藏自治区政务服务一体化平台主要的受众群体是广大人民群众，以便利人民生活为导向，因而关注的焦点更应当放在西藏人民日益变化的需求。具体而言，针对于经济发展程度不同、人口密度相差较大、城镇化比例有差异的地区，在政务服务改革方面的具体措施必然存在着不一致性，应当具体情况具体分析。例如：在移动支付市场中，经济较落后的区域居然是移动支付使用比例最高的地区，对于当地居民而言手机的使用成本相对于电脑来说较低。西藏自治区建设统一的一体化政务服务平台无法做到因地制宜，也没办法满足所有地区的不同需求，而某些需求对西藏当地的政务服务改革可能尤为重要，因而强化政务服务需求建设的个性化尤为重要。

四、完善平台建设的对策建议

（一）扩大现行政务资源目录编制范围

西藏自治区政务一体化平台要从审批职能向着其他提供公共服务与公共产品的单位延伸。西藏高频率活动与公共服务以学校、医院、物业为依托，然而这些单位的数据资源目前在整个系统规划中还没有预见到。通过拓展政务信息资源的范围，我们可以更好地为地方政府定制的需求服务提供支持，如：登记申报、办理犬证、报销医保、处理交通违法等超高频问题都可以得到良好处理。

（二）促进电子政务国家标准与行业标准的制定

西藏自治区政务信息资源整合与共享过程中，不仅存在技术问题，还存在体制与业务问题。在政务业务一体化平台项目启动之初，采用不同业务逻辑设计的系统，本身就存在着对接上的壁垒，这是技术无法解决的难题。处理问题的唯一途径是加强信息化建设层面和政府领域的标准化建设，从技术和业务两个方面逐步规范业务系统建设，按照“急用为主、分类推进”的原则，西藏自治区可自行对高频、热点公示分别制定标准，符合西藏实际需求，因地制宜。

（三）建立需求管理体系和评估体系

西藏自治区一体化平台建设首先要满足“一网一门一次”的改革标准化要求，又要适应不同地方政府服务的个性化需求。它如何解决下级地方政府的需求，如何收集和管理这些数据信息资源，西藏自治区有必要建立一套完善的需求管理系统。同样，下属站点的哪类需求能最大程度有助于开发最具可测性的平台，这便需要对服务效能的需求进行评估，从而要求西藏自治区建立规范的评估体系。

第二节　日喀则市数字城管建设

一、数字城管建设基本情况

随着日喀则市中心城区规模不断扩大、人口快速增长、城市管理对象越来越复杂，盲目流动、随机巡查式的城市管理模式已经不能适应发展的需要，建设一套适应当前城市发展的现代化城市管理体系显得尤为迫切。因此，日喀则市在新一轮《政府工作报告》中要求加快数字化城管建设。日喀则市学习并创新城市管理新理念，充分运用并改进数字化的管理方法和网格化的城市管理模式，实现城市管理秩序、效率上的大幅提升。日喀则市遵循以城市基本信息量为基础，以法律、行政和技术手段为市政保障的理念，基于现行城市管理办法不断融合数字城管新方案，综合形成网格化管理新模式，满足城市经济和社会发展的需要。

（一）实施网格化管理

网格化管理是为适应当前现代城市发展变化的创新管理模式，优化现代城市管理效率，提升管理水平。它基于政府部门的自查自纠，实施城市网络化管理，是为了确保城市公共基础设施运行的完整性和安全性，确保城市面貌整洁有序，主要从以下几个方面着手：首先，以上海市网格化管理为学习对象，结合日喀则市城市实际情况，统筹规划实施。具体来说，市一级机构负责网格化管理的统筹规划、监督协调，区级负责所有网格化管理的具体实施，社区按照属地管理的原则负责本区域的网格化管理。其次，数据收集要分步进行，分散风险承担，地上地下一并考虑，信息资源每年收集一次。在此基础上，打造“互动平台”，日喀则市政府要根据各地需要，加大所需数据的交换力度，全面推进基础数据共享。然后，在网格化管理建设过程中的资金投入方面，根据市区人口、街道情况，管理人员组建，事部件普查、软硬件组建等实际情况，日喀则市从底层基础设施起步，再到应用软件开发（含购买应用软件）、服务器、移动终端、交换机、机房建设等项目。最后，邀请专业信息采集团队进入网格化管理项目建设，输入网格化管理的核心数据，以建立具有日喀则特色、高效畅通、数据全面的城市管理数据库。

（二）建立综合信息平台

日喀则市智慧城市管理综合信息平台是现代数字信息技术的综合应用，以数字地图和单元网格划分为基础，整合基础地理、地理编码、市政事件、社区服务等多种数据资源，以城市监督员与公共热线服务为信息采集渠道，同时整合各类智能感应设施，打造城市管理和公共服务智能化综合指挥系统，通过多部门信息共享和协同工作，建立城市管理和公共服务监督新机制，以快速沟通、责任到位、处置及时、运行高效的职能指令，城市管理能力和公共服务水平得到整体性优化。

1. 管理方式：采用万米单元网格管理方式——事项—部件管理法

万米单元网格是把城市管理区域划分为约 1 万平方米的单元区域进行编号管理，同时一名城管监督员负责多个单元格并实施专职监控。此种管理方式将管理区域划分成万米网格，打破了原有城管空间布局不科学的局面，改变了原来的管理空间过大，对象不具体，责任难以落实的实际情况。事项—部件管理法是将物化的城市管理对象的分类精细管理当作城市部件，对有关部件的相关权属单位、联系人等信息资源进行普查，同时通过利用地理编码技术定位城市部件，在万米的单元网格里定位精确到地理坐标，克服了原有城市管理中定位模糊和职责不清的困难，此类管理方式更加了解城市管理的具体化、数字化内容，实现了发现问题的快速定位。

2. 管理系统：两轴管理系统——监控中心和指挥中心

双轴管理体制是指监督与指挥职能分离，同时建立城管监控中心和城管指挥中心。管理机制创新是实现数字化城市管理新模式的组织保障，解决原来城管部门因为管理粗放、职能交叉、职责不到位、缺乏监督机制原因造成各个部门之间相互制约，从而实现城市管理由被动落后向主动创新的快速转变，由多元管理向统一管理转变，由单兵作战向协同作战转变。

3. 管理手段：信息采集器——城市管理 E 通

城市管理工作被动落后的根本原因是落后的信息采集、收集和传输方式。因此新型管理手段以智能电话为原型，集成嵌入式开发技术，向城市管理监督员提供地理信息技术和其他信息技术，城市监督员掌握移动信息采集器——城市管理 E 通（简称“城管通”），对实时信息进行及时的采集和传输，以克服原有的城市管理信息资源采集延迟、传输不及时、处理事项缓慢的被动局面。

二、数字城管建设的经验

城市数字化发展的阻碍因素有两个：一个是资源整合。城市数字化是一个超级系统，来自多个部门的海量信息，整合信息的任务相对来说较为繁重。二是权力和观念的阻力。数字化意味着信息资料的公开透明，在实际推行城市数字化时，必然会打破权力暗箱操作，这样将会直接影响到一些人员的利益，阻力亦不小。因此必须注意解决以下三个问题：

（一）加强信息化基础建设

西藏自治区信息化基础薄弱，主要是系统硬件基础设施建设不到位，基础信息数据库建设有待加强。日喀则市城市管理和综合执法局现有的信息系统只覆盖部分业务工作，不能将城市综合管理系统完全数字化线上化，还需要建设比如：固体废料处置监管、供水质量监管等制度体系。现有的系统并没有充分利用现有的信息资源，信息系统初期的主要目标是提供日常业务的信息化处理。然而，随着系统的不断完善，丰富的信息资源也逐渐积累起来，如何处理分析海量庞杂的信息资源并从中提取具有全局性、系统性的问题与规律，对于提高信息资源的利用率、改善服务管理的效率二者而言具有十分重要的意义。

（二）加强信息资源整合

目前，日喀则市城管办公系统的信息化建设，各个部门都是从自身业务工作需求出发来规划建设项目内容，其中系统间的数据共享与交互很难实现。日喀则市和其他各个下级管理部门以及其他系统之间的信息资源共享与交互在一定程度上来说并不充分。虽然，日喀则市城市管理和综合执法局的某些信息系统已经逐步到达了与外部资源的共享，比如：“数字城管”共同分享了公安视频资源、交警流量信息，也有通过桥隧监控系统实现共享，然而在空间基础地理信息、公共交通信息、人口户籍信息、城管执法信息这些方面的共享程度，还需进一步加强。

目前，我国城市管理中还存在众多信息资源没有得到共享、更新与整合，很难进一步的开发利用。这是传统观念与现有体制机制之间碰撞造成的问题，不利于“数字城管”工程项目的进一步实施，亟待有效整合，建立信息共享的联动机制。

（三）注重城管队伍建设

如今，日喀则市城市管理和综合执法局的数字城管存在从事相同种类工种，薪酬差距明显的情况；由于信息采集实行社会化管理，政府“养物不养人”，这样是节约了行政成本，但也对相关采集人员规制带来困难。信息采集员的文化程度普遍不高，有的信息采集员采集信息不规范，重复采集只为完成任务，从城市数字化管理的问题解决机制来看，监管人员在察觉到问题后，指挥中心决定由某个部门去处理，处理完成后监管员去核查，如果问题解决不了，就会挂在“备妥清单”上。关于“如何现场解决问题”这个环节，是具体的、微观的，主要看管理部门的现场操作能力，所以更应当注重城管队伍的建设与培养。

三、完善数字城管建设

数字化城市管理是一项系统工程,必须统筹兼顾采取有效措施加以推进。

（一）完善推进数字化城管的标准和法规

严格执行发布的行业技术标准与技术指南。西藏自治区各地必须适应新的工作模式、新体制、新机制、新方法的要求，建立服务质量标准、效率标准、工作人员服务验收标准、服务行为规范、使用管理制度等相关配套制度。同时，要理顺关系，改革体制，避免多线指挥，避免行政主体职权交叉、相互推诿。

（二）做好信息资源的整合利用和开发共享

日喀则市在信息资源的整合、共享、开发和利用方面不断取得进展，以企业间的基础业务信息互联互通、应急联络指挥系统、“数字城市管理”等项目为指导，全面推动信息资源共享与整合，在网络整合方面取得了初步成效与经验。但是，信息资源整合与共享的可操作性、城市管理的开发与利用仍然存在一定不足，数字城市管理作为跨领域、跨部门的信息实施交叉工程，需要创新体制机制，特别是在机制上要以部门间资源整合为目标，广泛运用 GPS、RS 等先进技术，整合不同方面资源，并建立有效的动态更新和共享系统，能够提供大量的城市管理空间、地面和地下数据库，加速城市管理信息资源一体整合、快速提取、高效利用。

（三）高素质城市管理队伍的建立与培养

一是要强化队伍政治素质和业务素质的培养；二是要求城管队伍到信息采集队伍要塑造执法监督的良好形象，采取有效措施培养良好的队伍面貌和纪律，加强警督队伍成员和信息采集人员的组织纪律，规范执法队伍成员在执法过程中对于违法行为人应当耐心教导、以理服人，信息采集人员要及时、公正、准确地采集信息，塑造城管队伍在社会上的良好形象；三是要逐步理顺“数字城管”队伍中的编制与体制问题，不断吸引和留住人才。

第九章　企业数字化转型的典型案例

第一节　中国移动西藏公司

一、基本情况

中国移动西藏公司根据中国移动集团统一部署，致力于让西藏移动用户享受信息化发展成果，依托稳定的网络，推出无线音乐、手机阅读、手机钱包、手机游戏等信息化产品。同时，结合地域特色，积极推出藏文手机报、雪域无线音乐盛典等民族品牌服务，开展全区全员人口采集、农牧区信息文化站、数字校园、5G 网络建设等信息化服务，不断巩固西藏发展稳定大局。

（一）助力全区人口逐步实现智能采集

2013 年，中国移动西藏公司与西藏自治区人口计生委合作推广“全员人口信息移动智能终端采集”系统，西藏人口新增、变更、流动等信息实现手机终端实时智能采集。项目试点以来，手机终端共计登录 3 万多次，个案查询和报表查询 2 万多条，采集个案信息 2 万多条，平均每天采集个案信息 106 条，数据有效处理率平均水平达到 80.2%，同比增长了 60%，彻底改变了过去西藏人口统计采集难、更新难、维护难等问题。中国移动西藏公司已向村级人口计生工作者提供手机终端 2994 部，并优惠资费、提供培训、完善机制，全员人口数据及时性、准确性和完整性得到提升。预计该项目今年将覆盖全区超过一半的县，并逐步在全区推广。

（二）建立农牧区信息文化站

2013年，中国移动西藏公司开始承建农村综合信息服务站建设工程600个网点接入工作，首次系统化、规模化将信息化服务项目延伸到农牧区乡村一线。农村综合信息服务站是西藏自治区“信息惠农工程”的重点项目，“十二五”期间完成3000个行政村综合信息服务站建设。农村综合信息服务站包括文化大院、新闻快讯、农家乐、影剧院、电子图书、乡村旅游、农业科技和互动电视八大功能模块。该站以广大农牧民、涉农企业、农业经济合作组织、协会为主要服务对象，还能全方位地提供技术培训、市场预测、产品信息发布、供销对接等服务。并可根据本地用户的调查反馈，播放关注度和影响度高的健康电视节目等。

（三）数字化校园

2010年4月14日，山南市贡嘎县实验中学“数字校园”成功初验，是新的数字技术——中国移动西藏公司TD技术与传统校园成功结合的标志，也是西藏自治区数字化校园建设的新篇章。该项目主要依托中国移动先进的移动通信技术手段，通过建设覆盖全校的数字校园网，在实现教育资源高度共享的基础上，为学校管理、教师教学、学生学习提供远程教育、视频共享、教学演示、资料查询等服务，从根本上提高农村教学效率和教育质量，推动农村教育的数字化发展。近年来，中国移动西藏公司已陆续在拉萨市、阿里地区、山南市等地开通了数字校园。

二、中国移动西藏公司数字化转型的启示

（一）高度重视数字化顶层设计，保障资源稳定投入

中国移动西藏公司在主动抓住机遇的情况下实现了迅猛的发展，主动进行转型更加重视数字化转型的顶层设计；同时加大对于IT系统、电子化渠道建设等相关设施的研发力度，这样便为其数字化转型提供了坚实的资

金保障。中国移动西藏公司在了解、研判与预测未来方向的基础上，主动抓住“数字中国”发展机遇，及时改变战略方向，实现其数字化发展的总体规划与顶层设计相统一，形成综合性战略局面。

（二）高度重视数字化核心平台的建设，持续强化系统

中国移动西藏公司坚持重视技术的战略，了解未来新技术发展方向，在“新一代核心系统”的基础框架平台上奠定了其未来转型与持续创新的基石。同时标准化、动态化的程序保证了IT架构不断适应转型创新，中国移动西藏公司从重新构建业务结构入手，设计与建设全新的数字化核心平台。引用大型企业的模型构建方式，构建集团层级的流程模型、数据模型、产品模型，强调客户主体地位及其价值生产，采用快速更新迭代的新模式，应对快速变化的市场业务需要。

（三）高度重视科技应用，提升风险管理与精准营销能力

中国移动西藏公司充分落实科技金融战略，极大程度的保护了数字化成果并加速其成果转化过程；通过大数据技术构建，业务风险控制流程，提高风险控制能力；大数据分析中心捕获客户信息，建立客户全界视图，实现对客户的全面洞察，全面提升精准营销能力。中国移动西藏公司应当持续开展关键应用技术攻关研究，在整合内外资源的基础上满足用户的多样化需求，重视线上业务的智慧化，并建立物理渠道信息的综合管控，满足管理决策、客户营销、风险管理、产品创新等数据分析需要。

第二节　中国建设银行西藏自治区分行

一、基本情况

中国建设银行西藏自治区分行以“全面化、多功能、集约化、创新化、智能化”为方向推动数字化转型，全心投入到“以客户为中心”的智慧银

行建设中去。根据数字化转型的需要，显示智慧银行特色，全面制定转型战略，搭建智慧银行转型成果平台，构建国内金融业最大的私有云，对转型全过程数据集中显示、统一管理；依靠人工智能技术优势，构建智慧一体化的服务平台；探索大数据技术新的应用方法，助力业务量的增长，实现营收稳健上升。

（一）保障资源投入到位

2002年底以来，中国建设银行西藏自治区分行年度预算重点扶持企业转型、产品创新、物理网络与电子渠道建设，保证其在IT建设上的投入；拓宽自助渠道，打造功能互补、触角延伸的自助式网络服务，包括渠道体系建设、信息系统建设与后台运营设备建设，其中涵盖物理网点与电子网络建设，未来重点扶持以智能柜员机为代表的业务渠道转型和自助渠道建设。

（二）建立数字化核心平台

“新一代核心”模式从本质上改变了以往“部门级”IT建设模式，完成了向“企业级”开发模式的全面转变。具体来说具有三大领先优势：一是业务与IT融合。IT与业务架构的紧凑衔接，是来源于企业级业务建模的成果，它实现了最大程度地考虑到全行业范围的共享与复用需求，避开了条块分割与功能冗杂；二是以客户为目标导向。面向服务的架构满足了对客户群体的深刻洞察和灵活应变的需求，简化调整服务流程，有针对性地满足客户不同的需求；三是强化快速产品创新。凭借着组件共享模式，快速反应与灵活创新的目标得以实现，使产品创新能力大幅提高。

（三）引入人工智能技术

建行引入人工智能技术，成功塑造了面向客户端的智慧形象“小微”。它基于自然语言处理、人机交互等一系列人工智能技术，与用户进行智能交互。同时“小微”涵盖了建行公众聊天账号、手机银行、短信、网站等多种服务渠道，真正完成了低成本、高效率、良好的客户服务体验模式。

（四）大数据技术创新应用

中国建设银行西藏自治区分行以大数据技术为基础建立了全行物理通道信息的综合管控体系，开展智能网点与资源管理工作；建立大数据分析中心，实时构建大数据分析处理模块，运用大数据多维立体分析技术描绘客户特征，建立客户统一视图和360度客户资源库，完善客户评价和细分、完善定制服务方案等业务流程，实现完成精准营销。

二、中国建设银行西藏自治区分行数字化转型的启示

（一）经营业绩持续增长

中国建设银行西藏自治区分行依靠强大的创新能力与灵活的技术实施能力，实现了营业收入与净利润的稳步提升，电子商务平台多数业务快速发展。个人网上银行的客户数量、手机银行客户数量与企业网上银行客户数量位居第一位。

（二）缩短产品开发周期

中国建设银行西藏自治区分行建立了统一的产品目录，建立了产品创新管理与产品评价体系，从分析客户对产品开发、营销的需求入手，逐步推行“产品全生命周期管理”模式，建全产品装配厂和配套研发机制，凭借着14条产品线、136个基础产品、58个装配型号、2279个产品条件，拥有强大的产品研发和制造能力，可快速满足出现的定制产品需求。

（三）客户满意度快速提升

中国建设银行西藏自治区分行通过构建新一代核心业务体系，为跨区域、多业务的客户提供全面的金融服务，构建了跨业务层面、跨渠道、高度共享的综合金融服务方案。2016年末，智能“小微”服务客户总数突破3亿户，是建行人工客户服务的两倍，准确率达到93%。同时应用市场上的手机银行用户量、交易量市场份额占比和应用下载量位居行业市场第一，在中国500强企业新媒体传播指数中继续超越同行业从事者。

第十章 农业数字化的典型案例

第一节 水产养殖数字化基本情况

虽然西藏农业信息化起步相对较晚，但近年来在自治区党委、政府的高度关注下，以“互联网+”模式、现代计算机技术和移动智能采集终端为导向，建立了“科研管理系统”和“西藏自治区农作物种子资源数据库”等相关平台。

作为西藏自治区农业信息化的典型范例，西藏高原的循环水产养殖模式以沙盘的形式，在首届现代“互联网+”农业科技博览会中进行展示，引发了广大同行的高度关注。西藏自治区水产养殖数字化包括生态型水产养殖模式和高原实施的单元循环养殖模式。这两种模式，结合西藏是世界上阳光照射最强的地区这一事实，通过“光伏效应”转化为电能，同时实现“上可发电、下可养鱼”等高原特色模式，极大地提高了西藏发展绿色、高效、高产水产品数字化养殖的生存能力，开创了西藏水产养殖的数字化先例。这种模式包括系统的在线监测与控制部分，可以实时传输养殖状况，为专家提供完整全面的养殖信息。这种集太阳能直接杀菌、复合氧化、自动送风、智能在线水质监测等功能于一体的现代化群捕设施，有助于降低劳动力成本，为西藏农牧渔业发展提供了强有力的技术支持。针对鱼苗发病率高和存活率低、生态脆弱、易破坏高原和高山环境等问题，采用自动增氧、自动投料、循环净水和鱼草共养技术，利用能源经济、水资源经济、环境保护等优势，在青藏高原气候环境下培育重要经济鱼类品种，在智能自动化技术下降低人力成本，在信息技术条件下通过精确再生产提高经济效益。

第二节　水产养殖数字化存在的问题

一、薄弱的数字化基础设施

西藏自治区新基础设施的部署，为推进多个产业的数字化转型提供了大好机遇。但同工业相比，农业方面仍然维持着数字化基础设施简陋或不足的现状。比如：网络宽带铺设量不足或传输速度不达标，经营主体缺少智能终端组成数字化农业，这些都阻碍了数字化转型的进程。同时，5G 高速传输、农业互联网等新的基础设施建设尚处于初始阶段，传感器等信息采集设施应用低效，数据获取能力、计算能力和决策能力不足，难以适应农业经营实体数字化转型的需要。

二、技术适用性不强

目前，我国在农业软件、农业传感器、智能农业机械装备的设计、加工、制造、标识等方面与发达国家存在着较大差距。优质农机和农业高端核心芯片设备大多依靠进口，还未形成自主可控的技术产品和设备。同时经营主体在数字化转型过程中的改造成本普遍较高，推广想法不强烈。60% 以上的经营者认为当前时段的农业信息技术推广应用难度较大。比如：水肥一体化，经营者不愿使用的主要原因是设备安装难、运行不稳定等问题。而且约 50% 的企业反映市场信息技术产品对增产增收没有显著影响，这就需要提高产品适用性、易用性、耐久性、稳定性与有效性。

三、缺乏人才和资金

目前，正积极学习新养殖模式，运用新技术的新农业经营者，在面向数字化转型的过程中，仍面临着许多基础环节的问题；一方面，面临着比如：信息技术服务人才的缺乏、技术应用能力不足、农民信息素养不高等问题。另一方面，农民缺乏参与主动性、信息技术装备产品和服务成本高等外部因素，也阻碍了农业生产数字化转型。农业信息技术人才的短缺也是农业领域信息化发展的阻碍。以植保无人机为例，每小时工作面积平均可以达到50亩，相比人工而言，是人工效率的数十倍，然而一台植保无人机的价格在几万元上下，平均花费5万元，这样的一次性固定资产投入显然是当前大多数农业经营者难以负担的。低成本智能化产品和服务专业人才的短缺以及技术设备的高成本制约着新型农业经营者的数字化转型进程。

第三节　水产养殖数字化发展对策

一、加快经营主体基础设施数字化改造

经营主体的基础设施数字化改造是农业数字化的首要环节，通过人工智能、大数据、物联网、信息遥感、5G技术等以物联网和人工智能为主的新技术来助力农业发展，对农田、圈舍、鱼塘、农机仓库等农业基础设施的信息化改造速度必须加快推进，配套后续基础设施建设，如：农业区物流基础设施建设，应陆续跟进。此外，在基础设施数字化的基础上还需加快应用天空地一体化信息资源采集系统，合力打通农产品出村“第一公里”。要落实《数字农业农村发展规划（2019–2025年）》，加快推广“5G+”农业应用，加快建立统一开放的国家农业数据中心，在全区农村互联网、5G网络等共有基础设施建设上，通过北斗、遥感等现代信息技术，引导水产养殖业经营主体接入平台和采纳数字化应用场景，整合水产养殖业生产、水产品流通、销售等各个环节数据，加强数据的挖掘应用，并制定相关标准和评价体系，加快数字化与水产养殖业的融合应用，推进水产养殖业数字平台建设，为新

型农业经营者提供一站式智能农业数据服务。由于数据在采集应用和开发过程中具有动态性和复杂性，更要注重提升数据的存储性能和使用效率，推进数字水产养殖业向纵深发展，真正做到服务企业和农民。

二、把握不同产业信息技术与装备需求

契合全球共识的农业数字化发展进程，采取政府直接补助、购买服务、专项资金支持等方式，帮助农业经营者在农业数字化发展潮流中不断进化。第一，面向大田范围，集成推动天空地一体化遥感监测和农业机械设备智能控制技术，以北斗导航为重点推广精准作业装备和无人驾驶拖拉机，积极发展无人机植保、水肥一体化等技术，完成粮食化肥的精准应用。第二，在保护性水果和蔬菜的栽培方面，注重促进精确精准的具体应用，重点发展水肥一体化和监测环境的物联网技术，对于保护蔬菜、保护果园，示范推广智能采摘、智能分拣技术和设备，降低相关人员的劳动强度。第三，在规模化养殖领域发展低成本精密饲料系统和智能化、配套化、可控化的畜牧养殖装备，推进专业化诊断体系和疫情监测预警体系建设，探索养殖场“无人值守”方式。

三、建立企业自己的数字化人才队伍

通过采用技术推广、高校和科研院所人员授课等线上线下的灵活方式，对新型水产养殖业经营主体、水产养殖健康示范场（企业）和从事水产养殖业的返乡创业青年等人员进行系统的人才培养。发挥科技特派员制度优势，推动水产养殖业先进技术向田间地头延伸，依托各地市科技特派员，采取对点帮扶、挂牌公示、上门服务、技术指导等方式，为水产养殖业发展、乡村振兴提供强有力支撑。此外，对于经营规模较大的水产养殖业生产主

体，政府部门可指导其进行水产养殖业生产管理数字化的转型。对于低、小、散的农民，鼓励其使用数字技术，降低人力成本，提高在养殖生产管理过程中的效率。

此外，可以给予农民工、科技人员、退伍军人一定的优惠政策，增强信息技术的创新能力、培育中坚力量。同时，针对农民工开设培育工程、为企业主体在生产过程中提供数字化技术服务、拓宽资金来源渠道。另外，还可以通过线上教育课程、线下面对面课程等多样化形式，有的放矢的对农机智能装备的保护和管理、技术操作的规范性、基地数字化改造等领域进行培训，进一步促进企业主体数字化生产的可持续发展。

四、开展数字水产养殖业示范点建设

目前，数字水产养殖业的发展尚处于初级阶段，加快全区数字水产养殖业发展首先必须加快开展一批水产养殖数字水产养殖业建设试点项目，选择有代表性的新型水产养殖业经营主体，以典型示范推动水产养殖业数字化进程，结合不同区域、不同养殖生产环节，选择一批有一定规模，有一定数字技术应用能力的养殖主体，建立一批数字水产养殖业应用的典型示范基地。假设以某水产养殖业服务平台为例，可以和政府大数据平台实现信息共享，政府根据水产养殖业发展相关数据，制定针对性的补贴政策，企业可以向政府申请资金扶持，共同探索渔业生产管理全程数字化建设，打造具有一定影响力的可看、可学、可推广的水产养殖业示范应用样板基地，推进全区整体水产养殖业数字化进程。

五、深化“数字＋水产养殖业”的融合

围绕水产养殖业现代化发展需求和趋势，推进数字技术与水产养殖业

生产的深度融合。实施水产养殖业领域“机器换人”行动，以数字化引领驱动水产养殖业绿色发展，构建基于物联网的水产养殖生产和管理系统，以数据流为核心，实现养殖、加工、销售、仓储、物流数据互通，推动集水产养殖、活鲜供应链、物联网金融相融合的数字渔业科技服务平台，为水产养殖业全产业链提供完整的信息服务。

第四篇　展望篇

第十一章 西藏高新数字产业高质量发展的战略思路与目标任务

第一节 发展思路

当前正处在科技变革和产业革命的历史机遇期，应当从战略高度审视高新数字产业发展带动西藏经济社会发展的思路。

一、提高站位，认识发展高新数字产业的重要意义

首先，发展高新数字产业，这是五大新发展理念的集中体现，是推动高质量发展的主要抓手。高新数字产业本身是新技术革命的重要产物，它是新的经济形态、新的资源配置方式以及新的发展理念，这集中体现了创新的内在要求；数字技术的广泛应用有效地降低了信息之间传递的障碍，促进了要素之间的流动，同时也促进了供需匹配的效率，对于实现经济与社会以及各个地区之间的协调发展具有一定的积极作用；数据资源的开发和利用能够大幅度地增加现有资源的利用率，这是绿色发展的最佳体现；数字经济最大的特点就是基于互联网，而互联网的特性是开放和共享，缩小时空差距，惠及更多的人群和地区。要加快网络、大数据、人工智能以及实体经济的高度融合，同时也要加强高新数字产业发展的力度，这是加快新旧动能转换、建设现代化经济体系以及推动高质量发展的重要抓手。

其次，发展高新数字产业，是新历史阶段激发西藏发展新动能，推进供给侧改革的路径选择。西藏正面临着新一轮的科技变革和产业革命的重

大战略机遇，社会需求进步、技术转型升级和经济范式变革三者叠加，决定了高新数字产业在社会经济发展中必将扮演着更加重要的角色。紧紧抓住数字经济发展的“机遇窗口”，要充分发挥数字化创新对实体经济的提质增效的带动作用，加快推进供给侧结构性改革，推动经济的高质量以及跨越式发展，这是践行中央第七次西藏工作座谈会精神的重要举措，同时这也是全面贯彻新时代党的治藏方略、建设团结富裕文明和谐美丽的社会主义现代化新西藏的关键步骤。

二、找准路径，抓住高新数字产业高质量发展的突破口

首先，应加快高新数字产业与传统产业融合，激活消费市场、带动扩大就业、提高人民收入水平。2020 年 7 月，国家发展和改革委员会等部门发布了《关于支持新业态新模式健康发展，激活消费市场带动扩大就业的意见》（发改高技 [2020]1157 号），文件指出“支持线上线下融合的新业态新模式作为经济转型和促进改革创新的重要突破口”、“培育新的就业形态，带动多元投资，形成强大国内市场，更好满足人民群众对美好生活的新期待”。西藏应充分发挥生态环境优良、文化旅游资源丰富、优惠政策叠加等区位优势，以传统特色产业为依托，以建设南亚数字大通道为契机，着力推动高新数字产业与传统特色产业融合。以习近平总书记关于“加快发展数字经济，推动实体经济和数字经济融合发展”的重要指示为方向，加强信息基础建设，聚焦强政惠民兴业，抓住发展机遇，补齐人才短板，筑牢安全底线，以传统特色产业数字化发展为抓手着力推进供给侧改革、持续提高人民收入水平。

其次，打造数字政府，推行数字政务，提升社会治理水平、确保国家安全和长治久安。中央第七次西藏工作座谈会上提出了必须要坚持“治国必治边、治边先稳藏”的理念，将西藏工作放在更加重要位置，要求政府

工作效率以及社会治理水平达到更高的要求。在数字经济时代，政府数字化转型的成效，直接关乎着国家治理现代化的成就。十九届四中全会指出“建立健全运用互联网、大数据、人工智能等技术手段进行行政管理的制度规则，推进数字政府建设”，数字政府建设对我国的建设十分重要，特别是对于边疆地区来说尤为重要。推动西藏政府数字化转型，对于提升社会治理水平和民众满意度、确保社会稳定和长治久安有着至关重要的作用。

第二节　发展目标

坚持市场主导与政府引导相结合。充分地发挥市场的作用，使优质资源向高新数字产业领域集聚，增强经济发展的内生动力。提升政府在数字产业政策、数字基础设施建设、数字标准制定、网络安全维护以及数据信息开放的工作效能，不断完善政府协同监管机制，提高民众的数字素养，缩小区域数字鸿沟。

坚持先试先行与统筹推进相结合。在条件成熟的地区率先尝试数字经济新模式，聚焦重要领域、重点产业、重大工程，壮大数字化企业队伍，夯实西藏数字经济发展基础。充分发挥后发优势，加强整体统筹布局，提升战略规划前瞻性，积极完善数字应用设施，引导各地差异布局，打造特色鲜明的现代产业体系。

坚持产业融合与创新引领相结合。实现高新数字产业与传统特色产业的融合，推动电子商务、智慧物流、远程教育、数字文旅、工业物联网和数字农牧业等产业融合。将理论创新、机制创新以及制度创新作为引领，鼓励集成创新、应用创新以及成果转化，使新模式、新业态带动西藏经济高质量、集约化增长。

坚持绿色发展和网络安全相结合。严守生态底线，坚持集约集聚，有效推动能源消耗和污染排放的降低，实现高新数字产业及传统产业数字化过程的绿色发展，达到效益、质量、规模的有机统一。完善数据治理、标准制定、市场监管与信息保护，不断推动网络安全建设，为高新数字产业的发展提供保护。

坚持开放合作与互利共赢相结合。推进跨喜马拉雅立体互联互通网络建设，全面深化区域合作与协同发展，打造西藏面向南亚的数据大通道。借鉴对口支援省市数字经济发展经验，探索符合西藏特色、体现西藏区情的发展路径，加强区域沟通与协作，推动设施互通互联，实现共建共享、互利共赢。

以数字基础设施建设为依托，产业数字化水平不断提高，数字产业化的规模不断扩大，数字从业人员数量不断增多，数字信息消费场景不断丰富，数字化治理和服务能力明显提升，使高新数字产业变为拉动西藏经济高质量发展的支柱性产业。争取到 2035 年西藏高新数字产业的发展水平能够超过西部地区的平均水平，数字产业的增加值占 GDP 的比重超过 30%。具体目标包括：

传统特色优势产业的数字化水平不断提升。推动数字技术与传统特色优势产业的融合，充分挖掘数据要素的使用价值，以数字化、网络化和智能化提升传统特色优势产业的全要素生产率。充分利用高原生物资源，推动数字农牧业的建设，推动高原农畜产品加工业数字化的转型，加快农牧业现代化的发展，建造具有高原特色的农产品生产基地。坚持供给侧结构性改革，推动工业数字化的发展，不断完善产业结构，激发工业发展的动力，建设具有高原特色、西藏特点的现代化工业体系。推动互联网、大数据以及人工智能等产业与服务业相互融合，促进服务业数字化的转型，不断创新与发展服务业，激发服务业的活力。

重点数字信息产业规模不断扩大。发展藏语文信息技术产业，推动藏语语音识别、藏语文人工智能数据分析等在多场景中的应用，创新发展具有高原特色的科技和信息化关键共性技术。以拉萨市、山南市卫星接收系统为基础，完善全区卫星通讯覆盖，促进卫星应用发展，建设天空地一体化信息基础设施，建立西藏卫星数据服务中心培育发展卫星应用产业，实施“卫星 +”示范应用工程。围绕核心数字场景拓展本地数字生态，大力培育本地骨干企业，构建数字经济生态圈。优化创新驱动环境，营造高新数字产业领域的创新创业氛围，引进区块链、云计算、人工智能等前沿数字技术，加强前沿数字技术的试点应用。

数字基础设施建设取得明显的成效。提升固定宽带在家庭中的普及率以及移动宽带用户的普及率与光纤宽带用户使用率，达到西部地区中等以上的水平，实现行政村宽带全覆盖，不断提升网络速率、降低资费水平。以新型基础设施建设为契机，补上数字基础设施的短板，缩短与西部其他省份的差距。推进 5G 网络规模化部署，逐步实现城市核心区域及重点园区全覆盖。实现物联网在各行业领域深度覆盖以及广泛应用，提升工业互联网的发展水平。依托拉萨市高新区云数据中心等大数据资源，完善大数据中心建设布局，构建西藏数据中心核心节点，提升我国在南亚地区的大数据、云计算等基础资源供给实力。

数字化治理与服务能力明显提升。数字政府更加成熟，同时一体化在线政务服务全面深度覆盖。建设完成数据资源标准体系，数据共享开放能力明显提升，网络安全保障能力显著增强，网络空间综合治理水平明显改善。在公共安全、精准扶贫、社会治理、交通出行、市场监管和生态防护等重点领域的数字化治理和监管能力明显提升，形成广覆盖、多渠道、智能化、个性化的线上线下融合的公共服务体系。智慧城市建设取得实质性进展，智慧校园惠及更多边远地区的孩子，远程医疗覆盖更多公共医疗体系薄弱的地区。以数字技术的广泛应用提升民众的幸福感、获得感，实现西藏的社会稳定和长治久安。

第十二章　西藏高新数字产业高质量发展的路径与建议

第一节　西藏高新数字产业高质量发展路径

一、以高新数字产业与传统特色优势产业的深度融合为重点

与传统产业相比，高新数字产业具有创新性、融合性和渗透性，其产业价值在与其他传统产业的相互融合过程中得以扩大和拓展。近年来，从宏观层面上来看，数字信息产业占 GDP 的比重增幅趋缓，但数字产业化的比重呈现快速提升态势，反映出高新数字产业以及传统产业的融合是目前以及今后一个阶段数字经济发展的显著特点。就西藏的要素禀赋结构来看，受到了当前人力资本水平以及物质资本存量的限制，除了诸如藏语文信息技术、卫星应用、通信基础设施和服务、数字内容产业等领域之外，大多数知识密集型和资本密集型的数字信息产业缺乏繁荣发展的要素基础和需求条件。因此，不管是从数字经济发展规律，还是从西藏自身的禀赋条件来看，西藏高新数字产业的发展重点应当是着力推进高新数字产业与传统特色优势产业深度融合，充分发挥数字技术的赋能增效作用，推动传统特色优势产业的转型发展。

西藏产业结构中占比最大的是服务业，而服务业也是数字化难度相对较低的产业（相对于工业和农业来说），因此服务业数字化应当是目前西藏推进产业数字化的重点领域。就服务业细分行业来看，高新数字产业与金融业的深度融合以金融科技的创新应用为核心、以数字普惠金融的大规

模实施为标志，广泛应用于支付交易、风险防控、产品创新、信贷保险等多个领域，金融业数字化是目前数字化程度相对较高的产业领域，也是大有可为的一个领域，对于发挥金融体系对资源的优化配置作用具有显著的促进作用。电子商务为西藏特色农牧产品、手工业产品、绿色食品等提供了销售渠道，尤其是西藏农村电子商务的发展在全国名列前茅。以拉萨市堆龙德庆区为代表的县域农村电商荣列全国 100 强县域电商之列，京东、淘宝等代表性电商平台专门开设了西藏馆。西藏电子商务蓬勃发展态势已经显现，对于西藏夯实脱贫攻坚基础、建立长效扶贫机制起着不可替代的作用。智慧物流为西藏企业和农牧产品的销售提供了顺畅的通道，随着西藏的基础交通设施逐步完善，物流服务体系基本形成，建立西藏的智慧物流系统对于充分发挥高原特有的生态环境优势有一定的积极意义，提高西藏地区的物流质量、效率以及安全水平，促进城镇化、物流服务高效化，为西藏建设以及南亚大通道建设奠定了基础。数字文旅促进了西藏文化、旅游产业的发展以及文旅融合，在数字化背景下智慧景区、智慧酒店和智慧旅游等数字文旅消费形态迅速崛起，西藏文旅体验馆运用数字技术和当代审美活化文化传承，通过数字化的手段将西藏文化呈现给游客，数字文旅的发展，对于西藏文旅产业数字化、提升数字消费能力有着重大意义。

二、以挖掘数据要素价值赋能经济社会高质量发展为目标

2020 年 4 月中共中央、国务院发布《关于构建更加完善的要素市场化配置体制机制的意见》，首次在官方文件中将数据要素与土地要素、劳动力要素、资本要素、技术要素放在同等重要的地位，提出培育数字经济新产业、新业态和新模式，提升社会数据资源价值。大数据时代下，数据不再是稀缺要素，如何从海量数据中心找出其中蕴含的价值，使数据升级为信息、知识和创新，是将数据要素转化为现实生产力的关键环节。

与20世纪六七十年代的信息化、八九十年代的网络化不同，数字经济时代以大数据的分析和智能化应用为典型特征，不再仅仅局限数据的采集、汇聚和整合，更重要的是将搜集来的大量数据通过某种方式进行分析和利用，挖掘其中蕴含的规律性知识，用以指导具体的业务活动，提升生产效率。正如2020年，中关村信息技术和实体经济融合发展联盟的《数字化转型发展，价值效益参考模型》所述“数字生产力的飞速发展不仅引发了生产方式的转变，也深刻改变了组织的业务体系和价值模式。数字化转型的根本任务是价值体系优化、创新和重构”。只有认识到数字要素价值挖掘过程的重要性，才能深刻认识到“数字化”并不等同于“信息化”，也不等同于“两化融合”，虽然后者是前者的基础和初级阶段，但前者才是数字经济时代高新数字产业真正的价值所在。以数字新商业为例，服务商强调面向终端用户的销售、营销和运营一体化，将SaaS工具作为牵引来协助企业完善基础的商品、订单、门店以及客服等功能，沉淀交易数据、用户画像提供综合的营销、运营服务，形成引流、转化、成交、留存、复购和裂变的用户全生命周期闭环。这种数字新商业模式从零售、电商领域兴起，正逐渐拓展至餐饮、酒店、旅游等生活服务业，数字生态链条不断增加。这为西藏电子商务、数字文旅、餐饮住宿等领域开拓线上线下新模式、新业态提供了发展思路，数字新商业模式并不是将传统商品销售模式从线下搬到线上，而是应当充分利用数据信息挖掘需求规律，将线上线下两个渠道有机整合，形成以数据为核心的新型商业模式，而不是以商品为核心的传统商业模式。

三、以社会治理数字化转型培育高新数字产业生态链为路径

党的十九届三中全会提出，“必须加强和创新社会治理，完善党委领导、政府负责、民主协商、社会协同、公众参与、法制保障、科技支撑的社会

治理体系”。新一代信息技术已经全面渗入到了经济社会生活的各个方面，将数字技术作为科技支撑推动社会治理现代化具有重要意义。传统的治理方式中存在着信息不对称、治理速度迟缓以及治理效能低下等问题，社会治理的数字化转型可以实现从经验治理到数据治理、从被动响应型治理到主动预见型治理的转变，这能够有效地提高社会治理水平。

西藏作为边疆地区、民族地区和西部地区，面临着公共服务不足、社会治理水平不高、民生服务存在短板等问题，社会治理工作多、任务重、领域广。社会治理是西藏治理的重要方面，将社会治理的数字化转型与数字产业创新发展、产业数字化转型有效衔接，以社会治理工作数字化为引领，不断延伸数字生态链条，丰富数字生态场景。在市场监管、环境治理、防灾减灾、食品药品安全、社会信用、社保就业、农业气象、城乡建设等领域推进大数据技术的创新和应用，鼓励企业使用政府以及公共服务领域公开的数据来研究新应用以及新服务，培育新业态以及新模式，对数据价值进行深度开发和应用。围绕智慧教育服务拓展智慧校园、智慧课堂、远程教育、校园一卡通、线上资源开发、教学效果评价等数字生态链，围绕智慧健康服务拓展远程医疗、人工智能辅助诊疗、电子健康卡、智慧医保等数字生态链，围绕智慧健康养老服务拓展数字社区、智能家居、远程智能安防监控等数字生态链，围绕智慧交通拓展电子地图、智能立体交通网等数字生态链。以现有的数字业态为基础，不断拓展数字生态边界，从社会治理数字化入手，以“政府引导 + 市场主导”的方式逐步推进数字经济新业态，实现社会治理现代化和数字产业高质量发展的双赢。

四、以加快数字基础设施建设夯实高新数字产业基础为条件

2020 年 3 月，中共中央政治局常委会提出，要促进 5G 以及数据中心

等新基建的进度。新基建是数字经济时代建立现代化经济体系的必要条件，新基建大体可分为两类：第一类是信息基础设施，包括基于新一代信息技术演化生成的基础设施，比如：以 5G、物联网为代表的通信网络基础设施；第二类是融合基础设施，包括人工智能、区块链等新技术基础设施和大数据中心、智能计算中心等算力基础设施。

在西藏这样一个基础设施存在短板的特殊地区，更应当坚持基础先行，加大力度开展数字基础设施建设，争取实现数字基础设施的弯道超车。率先构建高速、移动、泛在的天地一体化信息通信基础设施，统筹建设大数据中心及物联网等数字应用基础设施，加快构建数据资源体系，不断加强网络安全与信息化保障能力，强化数字经济基础支撑。具体包括：全面提升宽带网络服务水平，加快部署通信网络，大力推进广播电视网建设，完善区域国际通信枢纽布局。加快构建数据资源体系，促进数据共享开放和有效流通，推动大数据综合利用，提高数据资源管理能力。

五、以国有企业数字化改革为西藏企业数字化转型提供示范

2020 年 8 月，国务院国资委办公厅发布《关于加快推进国有企业数字化转型工作的通知》，明确提出“将数字化转型作为改造提升传统动能、培育发展新动能的重要手段。不断深化对数字化转型艰巨性、长期性和系统性的认识，发挥国有企业在新一轮科技革命和产业变革浪潮中的引领作用”，可见，这份文件强调了国有企业在数字化进程中应当扮演主力军和先锋队的角色。由于数字化转型必然伴随着高昂的沉没成本和转型风险，一般的中小企业心有余而力不足，国有企业更应当发挥自身雄厚的实力率先开展数字化转型，为其他企业起到示范带头作用，引领西藏数字经济发展的新浪潮。

首先，应该充分地发挥国有企业新基建主力军的优势，积极开展 5G、

工业互联网、卫星应用以及人工智能等新兴基础设施投资和建设，带动产业链上下游及各行业开展新兴基础设施投资，加快形成赋能数字化转型、助力数字经济发展的基础设施体系。其次，发挥国有企业的技术优势，通过联合攻关、产业合作、并购重组等方式，加快核心工业软件、大数据分析软件、数字孪生系统等前沿技术的攻关，打造形成国内先进、场景丰富以及安全可控的数字化转型技术体系。最后，应该借助国有企业影响力打造行业数字化转型示范样板，推进更多企业开展数字化转型尝试。加快建设智能矿山、智能电站等智能现场，着力提高集成调度、远程操作、智能运维水平。

六、以充分利用地缘战略地位和特殊区域政策优势为依托

西藏特殊的地缘战略地位赋予了其在南亚数字大通道建设中的重要地位。西藏处于我国与南亚相邻的前沿地带，是西南边陲的战略要地，是保障内陆地区安全的重要门户和天然屏障。以习近平同志为核心的新一届中央领导集体，提出了“治国必治边，治边先稳藏”以及“六个重要”系列论述。西藏南邻尼泊尔、孟加拉、巴基斯坦、印度等南亚及东南亚20亿人口市场，跨喜马拉雅互联互通网络建设、全球海拔最高的绿色大数据中心建设等都为西藏建设成为南亚大通道中独一无二的数据集散地奠定了基础。

新时代新形势，应充分结合中央对西藏的战略定位，积极发挥全国支援西藏、扶持西藏的优惠政策等优势，充分利用第七次西藏工作座谈会全国继续加大力度支援西藏的机遇，实现互惠共赢、共建共享。在贯彻自治区针对信息化工作、电子政务、大数据等方面的规划细则和实施方案的基础上，加大对数字经济发展的政策支持力度，出台数字人才队伍建设实施意见、数据应用促进条例、“数字西藏”战略行动问责办法等实施细则，夯实西藏数字经济建设基础。

第二节　西藏高新数字产业高质量发展建议

一、推动特色数字信息产业数字化的对策建议

发展具有高原特色的科技以及信息化关键共性技术，并且也要大力培育和发展云计算、大数据以及卫星应用等关联度高、联动性强的数字经济产业集群，构建开放、协同的信息产业生态，发展本地的骨干企业、特色企业，夯实数字经济产业基础，有力支撑“数字西藏”建设。具体包括以下内容：

完善北斗卫星数据中心建设，加快国家级北斗数据中心西藏分中心建设步伐。整合共享卫星应用平台，加强对空间信息以及综合服务平台等基础设施的建设，为西藏地区以及南亚大通道沿线国家的应用提供有力支持。组织卫星方面的专家制定相应的方案，同时也要加强陆地以及气象等高分卫星数据资源向西藏卫星数据中心推送，同时对其进行政策扶持。建设卫星应用技术服务中心，根据不同的需求为政府、行业、社会以及区域的卫星数据综合应用与技术跟踪服务提供强有力的支持。组建卫星应用培训与交流中心，同时也要积极参加卫星应用助力西藏数字经济建设相关政府部门人员培训和数字经济相关应用、技术与产业发展研讨交流和宣传展示等。

以西藏的卫星数据服务中心为平台，培育并且发展卫星应用产业。以拉萨市高新区作为依托，积极打造南亚地理信息和卫星应用产业园，保障西藏的卫星应用重大技术成果转化、区内特色商业开发以及国内外优势企业引进等工作的顺利进行。不断完善具有西藏特色的卫星数据应用机制，同时要制定相应的政策，对基础性、公益性的应用需求应该提供无偿的服务，激发市场活力，最终使卫星应用产业能够可持续发展。加快推进北斗系统在南亚大通道沿线国家定位导航、旅游服务、国际救援等领域的推广

以及应用。

加大藏语文数字技术研发，重点推进藏语文信息处理自动化、藏文文献资源数字化、藏语文技术标准化，加快形成自主、高效的藏语文信息技术体系。联合区内外高校、科研机构、知名企业，建立西藏自治区级藏语文信息处理重点实验室，建设大规模藏文、藏语语料库，推动操作系统、办公软件等基础性软件藏语化，研发机器翻译、语音识别和合成等藏语处理软件。加快藏文文献资源数字化采集、版面分析与文字识别等数字化技术软件的研发。

支持和鼓励电信运营商、互联网企业等发挥信息服务渠道优势，搭建面向西藏自治区服务的云平台和绿色数据中心，争取国家支持建设面向南亚大通道的离岸数据中心，培育和发展云计算、大数据产业，推动云计算、大数据与传统产业融合发展。健全政府购买云计算、大数据服务相关政策。发挥西藏藏语核心优势，面向藏语系地区，积极发展藏语大数据外包服务、呼叫中心等业务，推动藏语大数据服务外包专业化、规模化、品牌化发展。

二、推动服务业数字化的对策建议

（一）推进智慧旅游与数字文化产业发展

综合运用大数据、云计算、人工智能等现代技术手段，建立西藏自治区旅游产业大数据平台，形成以数据支撑、业态创新、跨界融合为基础的智慧全城旅游综合体系。支持企业积极参与西藏智慧旅游建设，形成政产学研相结合的智慧旅游产业化推进模式。加强智慧旅游基础设施的覆盖面，加快重点景区、酒店信息化、数字化改造。整合西藏自治区旅游数据资源，建设以政府网站、社交类软件等为依托的西藏自治区旅游信息全媒体发布平台。发展西藏智慧旅游电子商务平台体系，加强与国内重点在线旅行社（OTA）电子商务平台的对接，提高西藏自治区旅游行业营销管理、业务运营能力。优化旅游政务管理系统架构，建设统一受理、分级处理的旅游投诉处置平台。支持和引导建立旅游市场专业化线上平台，依托平台建立诚信体系，规范智慧旅游服务标准，形成市场化诚信长效管理机制，提高旅游市场信息化监管水平。

培育数字文化产业。充分发挥西藏自治区的民族资源、文化资源以及自然资源等优势，利用现代数字技术手段对西藏歌舞戏剧表演、影视广播等作品进行制作与推广。加快推动西藏文化旅游创意园区的信息化以及数字化建设。大力促进出版业数字化的转型升级，同时要积极鼓励有实力的出版单位建设出版内容、产品、用户数据库。积极培育出版新业态，面对不同的读者需求开放有声读物、网络出版物以及多媒体出版物印刷等新兴数字出版产品。建设具有西藏特色的智慧文旅创客空间，立足于文化旅游产业，将数字、创意、创新、创业等结合，形成文旅创客集聚地，给创业者提供更好的工作空间、网络空间、社交空间以及资源共享空间，形成线上与线下相结合、管理与运营相结合的一体化全要素孵化器。

（二）发展电子商务与智慧物流

坚持内建外引的原则，积极发展本地电子商务平台，加强与国内大型知名电商企业合作，完善西藏电子商务生态体系。统筹建设一批电商物流协同示范园，推动电子商务集聚发展，为电子商务运营和配套企业提供一站式服务。发展农牧区电商与社区电商，发挥电子商务在工业品下乡和农产品进城中作用，建设农牧区电子商务和农畜产品电子商务创新发展示范区。积极推动跨国电子商务与智慧园区的发展，建设面向南亚市场的跨境电子商务，将西藏自治区逐步打造成为我国跨境电子商务体系拓展南亚市场的基地和枢纽。

建设智能物流调配体系。围绕拉萨市、日喀则市、那曲市等重要物流节点，积极整合商务、交通、快递等资源，全面建成服务地（市）、集散全区、辐射南亚的综合物流服务基础设施网络。推动信用服务、网上支付、物流配送等支撑体系建设，健全第三方支付、身份认证、仓储、物流配送等接口业务功能。完善农牧区现代流通网络体系，打造具有西藏特点的面向农牧区、连接农牧业、服务农牧民的智慧物流服务体系，探索城乡一体化共同配送体系建设模式。发展南亚数字经贸通道，充分发挥南亚大通道区位优势，加快电子口岸建设，加大边境贸易基础设施建设，建立区域标准信息服务平台，提供标准信息及贸易咨询服务。

（三）培育数字服务新业态

大力推进数字普惠金融建设，统筹西藏特殊优惠金融政策，对“三农”和偏远地区提供更加安全、便捷、高效的特色化金融科技服务。利用数字技术大力发展互联网支付业务，鼓励在自治区有条件的金融机构建设创新型互联网金融平台，引导各类普惠金融服务主体，利用区块链、人工智能技术，推动金融科技与民生领域信息系统的深度融合、协调发展。

发展商务服务业以及科技服务业。依托拉萨市高新区，探索适合西藏企业经营管理需求的商务服务业模式。构建产学研用协同创新集群，继续加大力度搭建公共数据服务平台以及技术平台，推进第三方检验检测认证的服务，提升西藏的行业技术检测水平。积极发展工程技术服务业，同时要重点培育本地从事工程技术服务的设计事务所等各个专业机构。促进产业资源优化配置，促进生产性服务业走向高端化、智能化以及网络化的智慧发展新形态。

发展西藏特色分享经济。积极鼓励互联网平台企业与实体企业加强相互的合作，利用西藏的资源、特色、政策以及区位等优势，将“互联网+”融入传统产业，发展数字文化旅游、藏区特色商品交易、物流专业服务、新兴消费服务、科技仪器设备协作等一批共享新模式。积极培育数字化的生活性服务业，加强消费领域分享，有序的发展西藏网络预约拼车、车辆租赁、民宿出租以及旧物交换利用等业务，促进企业与个人通过互联网平台来优化社会的闲置资源，扩大社会灵活就业。

三、推动农牧业数字化的对策建议

（一）发展数字农牧业

大力推动智慧农牧业发展。建设智慧农牧场，提升农机装备、收储设备、温室、棚圈等基础设施智能化水平，实现农牧场环境自动监测、数据自动采集、设备远程控制等，助力农牧业规模化生产。引导和支持设置农业示范园区以及标准化畜禽规模养殖场积极开展物联网应用试验示范。初步实现生产智能化的应用，促进设施农业以及标准化养殖业的数字化转型。推进病虫害防治智能化，建立和完善病虫害监测、农兽药安全使用监测系统，提高农牧业病虫害有效监控和预防能力。

构建高原特色农牧业数字化经营体系。鼓励西藏的农牧业龙头企业建立农牧业服务云平台，为农牧业企业、批发市场、商品配送中心提供在线信息管理、市场的供需信息以及上下游的各个企业对接等服务。鼓励行业协会或者由龙头企业来打通产业链的各个环节，不断探索建立“龙头企业+合作社+基地+农牧民”的体系，推进订单农牧业、农牧业众筹以及产销对接等创新经营模式，不断地完善对农牧民合作社与家庭农牧场的政策支持。

强化农牧业监管体系信息化建设。围绕农情调度、重大动物疫情防控、病虫害监测、农牧业防灾减灾等重点工作，运用卫星遥感技术和先进通信技术，获取农牧业生产数据、农牧业资源监测数据、农牧业防灾减灾数据等进行数据分析。提供决策、预警信息、建设农牧天空地一体化数据中心，实现农牧业生产、防灾减灾、农情监控的统一指挥调度。

（二）加快农畜产品加工业数字化

提升农畜产品加工企业研发生产的数字化水平。加快推广用于西藏特色农畜产品加工的设施装备，鼓励农畜产品加工企业对深加工装备进行智能化、标准化、规模化改造。鼓励科技含量高的龙头企业整合产业链上下游产品种类、加工工艺、生产规模等数据，打造产业闭环，逐步形成产业集群。鼓励企业与科研院所合作共建农畜产品加工研发平台，积极对接全国各地农畜产品加工的科技创新和成果转化数据，助力农畜产品从初加工向精深加工转变，最大限度挖掘增值潜力。

完善农畜产品质量监控和追溯体系。继续完善具有西藏特色的农畜产品质量追溯平台，加强与商务、市场监督管理等部门的执法监管、检验检测等数据对接，培育一批质量安全过硬的西藏高原特色农畜产品品牌。加强各种生产资料的追溯，为各级监管机构以及人民群众提供全面的信息。

四、推动工业数字化的对策建议

（一）推动天然饮用水产业数字化

提升水源地勘查与保护数字化水平。以移动互联网、物联网、云计算等新一代信息技术为基础，探查清楚西藏天然饮用水的资源分布、水量、水源特征等物理化指标，查清天然饮用水水源地地质地貌、水文地质条件、周边污染源等环境信息。加强水源地物联网监控监测设施的建设，建立综合管理信息平台，实时监管水资源的质量、数量和利用情况，利用自动化评估水资源经济价值与环境影响，提升全区天然饮用水水源地勘查与保护数字化水平。

推动天然饮用水向智能制造转型。利用物联网技术和设备监控技术升级改造天然饮用水生产线，推广开采、灌装、封盖、包装一体化智能生产，建设节能环保的数字工厂。与智慧物流业联动发展，结合主要生产企业布局物流节点，建立能力匹配、资源集约的供应链体系。基于物联网技术，建立天然饮用水生产、流通、市场销售全流程数字化质量监管体系，建立集信息、标识、数据共享等功能于一体的全区天然饮用水统一信息溯源系统，提升天然饮用水质量管控能力，为申报国家地理标志商标、塑造区域品牌形象提供技术支撑。

建立天然饮用水工业物联网平台。鼓励并且支持龙头企业牵头来建设天然饮用水行业工业互联网平台，集聚招商融资、产品注册认证、质量检验检测与追溯、共性技术研发、数据分析、市场信息采集、仓储物流、电子商务、人力资源培训、法律咨询、知识产权交易以及广告宣传的产业服务能力，整合产业生态资源。推进企业自建平台和国内主要电商平台的对接，实现天然饮用水产销合作。依托互联网开展科技创新协同，深化水资源开采、生产、品控以及质量检验检测技术等方面的交流合作。

（二）推动藏医药产业数字化，推进藏医药企业数字化转型

加快实施“企业生产管控集成互联网提升计划”和“智能装备升级应用计划”，全面落实新版GMP标准规范，促进医药生产关键制造工序、工艺流程和生产线实施改造升级，推动藏药材、饮片与藏药生产加工企业实现智能化制造、信息化管理以及网络化经营，提高产品性能稳定性和管理控制水平，提升藏药国内外知名度。

完善藏药质量安全信息化监管体系。加快物联网技术在藏药研发设计、种植加工、药品生产、质量管理、信息追溯以及营销管理等各个环节的应用，形成全产业链质量安全管理控制体系。整合各方面质量追溯数据，加快质量信息披露平台、公众药品质量追溯平台建设，建立企业负责、政府监管、公众参与的药品质量安全管理体系，引入药材动态监测，提高政府对各类药材基地的监测和指导能力。

建立藏医药公共服务体系。推进藏医药大数据体系的搭建，构建跨地区、跨部门以及跨领域的信息资源共享与交换，同时依托国家超级计算机广州中心、西藏林芝分中心等国内知名的大数据服务企业面向各个藏医药企业提供基因测序、藏药筛选、药效评价、临床评价以及不良反应监测等

大数据服务。积极鼓励龙头企业联合全国各地藏医药科研院所、医疗机构、高等院校以及生产企业共同建设藏医药公共服务平台，提供藏汉双语文献查询、数据共享、品牌认证、营销展示等服务。

（三）推动民族手工业数字化，推进设计、生产数字化改造

以藏毯、唐卡、藏香、藏式服装、藏式家具等为重点，借力对口援藏以及周边省市地区的研发设计优势，加快计算机辅助设计、计算机辅助制造、新型计算机配料以及计算机辅助工艺等技术的融合应用与推广，提高企业产品设计的信息化水平。积极引导并且支持龙头企业引入现代工业生产管理模式，不断地提高产品质量，打造精品、名品，同时也要加快重要民族手工艺品国家地理标志申报和认证。积极组织申报国家工艺美术大师，同时也要加快建设由政府投资的西藏民族手工业数字化展示中心，全方位的提供数字化展示、培训、交流以及营销等服务。

促进线上以及线下的营销渠道融合发展。积极推进民族手工业企业以及各个合作社选择“互联网+”的营销模式，随后通过“藏商汇”、“淘宝特色中国·西藏馆”、“藏货通天下”、“爱西藏”这些已经存在的平台进行网络营销活动。积极推动民族手工艺品在线上线下的融合发展，并且可以在区内外分别设置一些民族手工艺品的体验店，增加西藏民族手工艺品的网络销售规模，促进生产和消费环节对接，探索个性化定制和精准生产，增加西藏手工业收入，广泛宣传推广西藏优秀传统技艺。

推动民族手工业融合发展。由于藏毯、氆氇、邦典以及藏式家具这些民族手工艺品的制造过程中具有一定的可观赏性，可以把手工业和艺术、创意设计、动漫影视以及新媒体这些产业融合起来。利用信息技术采集、存储传统手工业的相关资料，打造传统手工艺数字化资源数据库，储存以及共享手工艺。探索民族手工业和旅游文化业互相融合的经济模式，吸引国内外的游客参加到传统民族手工艺品生产制作的过程中来，通过民族手工业来充实旅游服务业的内涵与形态，反过来也可以用旅游服务业来促进

传统民族手工业的转型与发展。鼓励各传统工艺企业、协会、工业美术大师工作室等充分利用“互联网+传统工艺”模式。开展网络传播活动，拓宽传统工艺产品的展示展销渠道。

（四）推动优势矿产业数字化

支持采矿企业建设数字矿山。支持并且推动重点矿山企业建设数字矿山，使用成套的智能化协同采矿技术体系与主体装备，同时要运用物联网、大数据等推动生产线的改造，提升在优化工艺、节能减排、质量控制、安全生产等方面的智能化水平。同时，要鼓励行业龙头企业建立行业或者企业工业互联网平台。鼓励重点矿山企业采用智能技术、网络技术、虚拟现实技术实施有线调度、无线通信、视频监控、矿区人员定位、业务培训、应急管理等应用，加强地质勘查、矿山的开发以及生产、矿山资源、矿山安全的管理信息化，不断地提高矿山信息化、数字化管理能力。

建设生产加工智能化工厂。依托藏青工业园布局有色金属加工和资源综合利用产业基地，建设智能化工厂，重点推进铜、钼、铅、锌的深加工和以锂为主的盐湖资源综合加工利用，积极延伸产业链，提升矿产品附加值。结合西藏优势矿产业运行机制，建设西藏优势矿产业大数据服务平台，实现矿产生产、管理等系统的在线监测，推动生产设备运行管理智能化、服务协同化，提升安全生产管理水平。对接大宗商品交易平台，为西藏优势矿产提供及时准确的市场信息。

（五）推动绿色建材业数字化，支持企业加强技术创新

积极搭建工厂内部数据管理体系，推动企业网络化、智能化改造，实现水泥企业内部原料磨、煤磨、回转窑、水泥磨、余热发电等主机设备的实时在线监控、预警、“数字孪生”，通过精细化管理进行班组、场级、企业级对标分析，降低水泥生产过程中的能源消耗。

推进清洁生产和资源循环利用。鼓励建筑废渣回收利用和分类处理，建立规范有序的回收利用体系，推动垃圾收运体系与再生资源回收体系的

融合。鼓励支持水泥企业配套建设余热发电项目。利用互联网、大数据技术建立产能置换平台，与全国先进水泥企业对接，通过产能置换方式承接内地产能转移，科学调度区内水泥市场供求平衡。

（六）推动节能环保产业数字化，加强节能环保动态监测

通过多维地理信息系统以及智慧地图等科学技术，结合互联网大数据分析构建资源环境承载能力立体监控系统。加强重点用能单位的能耗在线监测系统建设，加强在线监测、大数据分析以及综合应用。加强对于重金属、危险废物以及危险化学品这些特殊物品的风险防范水平以及应急处理能力。积极推进关于企业环保信用数据的收集以及整理，把企业的环保信用记录收录到信用西藏。

推进信息技术在节能环保中的应用。重点推进高耗能行业生产设备和工艺流程的数字化、智能化改造，推进节能技术系统集成及示范应用，提升节能环保技术、装备水平。引导企业建设能源管控中心，建设覆盖全部资源消耗的综合能源管控系统，最大程度整合已有信息化管理系统或控制系统，增强对能源消耗情况的动态监测、精确控制和优化管理。

（七）推动清洁能源产业数字化，加快清洁能源生产和传输智能化建设

试点建设智能电站，实现发电功率控制、调峰控制、计划跟踪、调频参与等功能，保障电网安全稳定运行。加速建设完善全区统一智能电网，进行水、光、火、地、风等多能互补协调优化调度，实现对水电、光伏、地热、风电等清洁能源的优先接纳和发电计划综合最优，提升能源资源配置能力与智能化水平，保障电力供应。面向高寒、高海拔、缺氧、无人区等地带，推广输电线路无人机巡视，提高巡检效率和准确性，降低运维人员成本。

大力发展清洁能源大数据。加强水能、太阳能、风能以及地热能这些清洁能源资源普查的力度，建立全区的清洁能源数据库，全景展示清洁能源储量、分布以及运行趋势等信息。大力建设清洁能源大数据平台，汇聚

发电、电网、售电、用电、设备供应以及技术服务等清洁能源生态圈，提供电力交易、综合节能、资产管理以及智能运维等服务，加快打通能源上下游全产业链。大力建设电力在线交易平台，参加全国电力交易，增大西藏的清洁能源外向传输的规模。

五、推动社会治理数字化的对策建议

推动治理与服务数字化转型。以便民惠民为出发点和落脚点，充分利用云计算技术推动治理与服务数字化转型，构建大数据驱动的新机制、新平台、新渠道，建设智慧城市和数字乡村，全面提升治理现代化水平和信息惠民服务水平，建成高效透明、整体联动、部门协同的数字政府，不断增强人民群众获得感、幸福感、安全感。

（一）提升公共服务水平

发展公平高质的智慧教育。持续推进科教兴藏，全面实施“西藏教育珠峰旗云”工程，完善西藏教育专网，实现各级各类学校信息基础设施一体化，推进智慧校园以及智慧课堂建设，推进计算机教师、远程教育视频互动教室以及班级多媒体等信息化装备建设。构建一体的综合性“互联网+教育”大平台，对接全国优质网络教育资源，发展互动教学等远程教育服务。完善西藏远程教育平台建设，推广教师实时授课系统、学生自主学习系统、评价反馈系统等教学应用系统。建设教育大数据示范应用项目，探索辅助精准教学系统，学生成长记录册、教育资源分配等大数据应用。

发展均等普惠的智慧健康服务。积极推进健康西藏的建设，推进包括全民健康信息平台、远程医疗以及地（市）以上医疗卫生机构信息化能力提升工程、电子健康卡、辅助诊疗、健康西藏公众服务项目、智慧医保等在内的智慧医疗项目实施。加强全员人口、电子健康档案、电子病历等数据库的建设工作，依托城乡居民医保业务经办系统，推动医疗、医药、医保与健康数据融合。加快以医院管理与藏医电子病历为重点的信息化建设，开发并且完善藏医电子病历、藏医药知识库等信息化功能。

拓展智慧健康养老服务。加快互联网与养老服务的深度融合，不断地拓展信息技术在养老领域的应用，促进在线医疗健康服务发展，打造将信息化平台作为支撑、社区为依托、机构为补充，医养结合完善的养老体系。建立智慧养老云服务平台，对老人身体状态、安全情况和日常活动进行有效监控，为养老机构布设一张实时、高效、高质的安全网络。完善智慧健康养老产品以及服务推广目录，推进智慧健康养老应用试点的示范，发展物联网和远程智能安防监控技术，减少老年人的意外风险。推进卫生、公安以及人社等部门的信息共享，有序向符合条件的养老服务主体开放信息资源。

发展协同一体化的智慧社保服务。整合社保和就业系统，建立统一的公共服务平台。全面推广实体与电子社会保障卡的发行以及使用工作，拓展政务服务、智慧城市服务以及金融服务，实现一卡多用。推行线上线下一体化的综合柜员制，建设完善 12333 电话咨询服务系统，构建线上线下相互融合的社会保障信息服务体系。完善现有全区就业服务平台功能，扩大就业覆盖深度广度，应用人工智能、“互联网 +”等技术手段，实现就业信息的主动推送服务以及就业进度实时跟踪管理等功能。

（二）试点智慧城市

因地制宜、突出重点，先行开展拉萨市、林芝市、昌都市智慧城市试点，以点带面推进其他地（市）建设。依托拉萨市山南市经济一体化建设，发挥藏中经济高地优势，注重技术创新，综合运用数字技术解决“城市病”，积极建设智慧城市标杆，支持各地（市）提升社保、医疗、教育以及文化等各个民生领域的智慧应用，增强城市一体化运行监控以及联动智慧建设。支持各县（区）依托自治区的统一基础云平台与政务大数据中心，构建城乡联动、资源共享的智能化网络管理体系。同时也要支持拉萨市经开区、高新区、日喀则市经开区、藏青工业园等地区开展智慧园区试点。

打造智慧城市“样板间”。以云平台为基础，建设“城市大脑”。贯通城市的行业系统、收集城市海量数据，打造集资源配置、运行调度、决策支持、融合应用以及宣传普及一体化的区市两级数据大厅。加强治理与服务领域数据资源汇聚整合和挖掘分析，推动大数据、人工智能等数字技术在城市规划、建设、治理与服务等领域应用，提升智能感知、智能预警、智能决策以及调控能力，使其能够支撑城市的自我调节、智慧运行。在普惠公共服务、精细城市管理、宜居生活环境、现代产业发展、智能基础设施等领域形成一批典型智慧应用标杆，构建各具特色的智慧城市建设模式。整合教育、医疗、交通、旅游、养老以及电商等各个方面的服务资源，提供“吃、住、行、游、购、娱”以及政务服务事项办理等全面快捷的服务。

强化智慧城市统筹管理。加强顶层设计同西藏自治区的有关规划充分地有效地衔接，充分利用自治区电子政务内外网，统一基础云平台和政务大数据中心，各行业部署的垂直信息系统，避免重复建设。加强与全区有关平台和信息技术标准的对接，完善智慧城市政务信息化标准规范体系、共享交换平台，促进城市信息资源开发，实现政务信息的共享开放。坚持以“政府引导、企业主体、社会参与、市场运作”为原则，同时也要注重建设和运营模式创新，充分发挥西藏高驰等企业的作用，通过购买服务等方式，引导社会力量参与投资、建设和运营。

以拉萨市为例，基于具体情况提出对应措施。拉萨市作为自治区首府城市、国家物流枢纽城市、面向南亚开放的中心城市，目前正加快发展数字经济，努力打造具备区域带动力和国际影响力的数字经济高地。一是加快建设“拉萨国际数字经济园区”，加快打造“东数西算、东数西备”的国家级绿色数据中心和算力枢纽，推动数字进藏；二是加快建设“城市大脑”“智慧城市”，以数字化为长治久安增效赋能，系统提升社会治理现代化水平，推动数字治藏；三是加快推进数字产业化和产业数字化，通过

"上云用数赋智"塑造特色产业新优势，依托宁算科技等龙头企业加快培育发展高新数字产业，推动数字兴藏；四是加快建设拉萨国际区域关口局，全面开通拉萨到加德满都的双向直连光纤链路，全面打造"环喜马拉雅经济合作带"数字战略枢纽，推动数字通藏。

（三）建设数字乡村，推进农牧区治理能力现代化

加强农牧区网络化的管理，完善人、地、物、事、情以及组织等各个要素的信息，不断提高社会综合治理精细化和现代化水平。积极开展农牧区"雪亮工程"，加强乡村公共安全视频监控建设、联网以及应用，深化平安乡村建设，建立人防、物防以及技防深度融合的农牧区治安防控体系。坚持党务、村务以及财务在网上的公开公示，畅通社情民意，并且不断地强化农牧区的基层干部队伍建设，继续加强村级组织的活动场所建设以及农牧区党员干部的现代远程教育，确保全区的党员现代远程教育乡村网络基本覆盖。运用大数据助力农牧区生态环境治理，加强农牧区饮用水水源地、生产生活污染源等环境要素的实时监测与关联分析，持续改善农牧区人居环境。

提升农牧区的信息惠民服务的水平。加快"互联网+政务服务"向农牧区覆盖，加大农村综合信息服务站的基础设施的投入，继续不断完善农村综合信息服务体系，实现行政村全面覆盖，着力解决农牧区信息服务最后一公里问题。积极推进"互联网+教育"，继续支持农牧区的中小学信息化基础设施建设，推动远程教育在农牧区的发展，提升乡村教育质量。加强乡镇卫生院以及村卫生室数字化建设，推动医疗服务、公共卫生和医疗保障的信息互联共享，促进优质的医疗资源向农牧区延伸。

推动网络扶贫向纵深发展。深入推进电信普遍服务试点工作，提高光纤覆盖率和接入速度，鼓励电信运营商精准降低贫困家庭网络通信资费。大力发展电商扶贫，建设推广宣传平台，并提供项目资金和技术支持，促进本地有机农特产品销售，拓宽销售渠道。促进援藏省市以及教育相对发

达地区和薄弱地区通过信息化实现教育结对帮扶、名师课堂、名校网络课堂等模式，优化均衡区域教育的资源配置。加强贫困地区远程诊疗信息系统建设，切实解决贫困人口看病难、看病贵问题。

探索推进数字城乡融合试点示范建设。强化一体设计并且融合创新，促进城镇和农村的生产、生活、生态空间的数字化、网络化、智能化建设，建设共建共享、互联互通、各具特色的数字城乡融合发展的新格局。推动小城镇的数字化建设，根据当地的实际情况发展“互联网+”产业，提升城镇以及附近乡村的就业水平。分级分类推动数字乡村建设，推进城郊融合、特色保护类以及搬迁撤并类的差异化发展。

（四）建设数字政府，整合推进政务设施一体化

全面升级电子政务外网，实现自治区、地（市）、县（区）、乡（镇）四级的全面覆盖。统一互联网出口，并且不断地拓展互联网服务能力，逐步地形成电子政务“一网”。持续不断地完善统一基础云平台以及政务数据中心工程，构建安全可控、集成创新、分类服务的统一基础云平台和符合政务信息化需求及安全保密要求的政务大数据中心，打造“一云、一中心”。加快区直各部门已建信息系统迁移上云和新建信息系统部署云上工作，逐步实现区直信息与地（市）信息系统的安全对接、互联互通。支持各地（市）基于统一基础云平台或购买服务模式，统筹规划搭建市级分平台，各县（区）不再单独建设政务云数据中心。

统筹推进“互联网+政务服务”。加强“放管服”改革，全面梳理编制公共服务的事项清单，完善服务办事的步骤。将政务服务“一网、一门、一次”作为目标导向，积极建设全区一体化的网上政务服务平台，促进区内各级政府部门分散的政务服务资源以及网上服务入口的融合，不断地促进政务服务向“两微一端”延伸和拓展，随后形成基于云平台大数据架构的“互联网+政务服务”体系。依靠网上政务服务平台，加快打造线下政务服务大厅，不断地完善地（市）、县（区）、乡镇（街道）以及村（社区）

的政务服务体系，让更多的群众能够享受到多样性、多渠道、便利化的服务。

构建政府现代化治理体系。将统筹构建“大平台共享、大系统共治、大数据慧智”作为基本的思路，不断加快整合全社会各领域的资源，推动行业内和行业间系统无缝衔接，构建精准高效、多方协作的现代化治理新局面。充分地发挥“互联网 +”和大数据便捷快速以及融合应用价值高的优势，围绕着公共安全、生态治理、市场监管、应急管理、智能交通以及智慧水利这些重点领域，用数字化手段来提高行业的管理水平。

（五）赋能农村电商，助力推进西藏乡村振兴

截止 2019 年底，西藏电子商务交易额达到 284 亿元，电子商务企业达 2200 余家，网店数量突破 3 万家，电商从业人员 1.6 万余人。中国电子信息产业发展研究院发布的《2019 年中国数字经济发展指数》显示，西藏的农业数字化指数位列全国第三名，仅次于安徽和广西，充分彰显了农村电子商务在西藏的重要地位。经过多年的摸索，西藏农村电子商务在制度层面和实践层面都取得了显著成绩，以农村电子商务的发展为契机构建长效扶贫机制，走出一条有中国特色、西藏特点的乡村振兴之路。

第一，整区推进电子商务进农村综合示范开创了我国乡村振兴的新实践

2015–2018 年西藏先后建立 27 个电子商务进农村综合示范县，依托特色农牧业和特色手工业，西藏农村电子商务从无到有、迅速发展壮大。农业农村部信息中心发布的《2020 全国县域数字农业农村电子商务发展报告》中，拉萨市堆龙德庆区的农产品网络零售额在 832 个贫困县中占比 4.68%，位列全国第二名，是西藏县域农村电商发展的一个成功缩影。在总结前期经验的基础上，2020 年 7 月西藏自治区出台了《电子商务进农村综合示范整体推进工作方案的通知》，以整区推进的方式开展电子商务进农村综合示范。纵观全国，西藏是第一个以省为单位推进电子商务进农村的地区。这一做法意义重大，开创了贫困欠发达地区推动和落实乡村振兴战略的新实践。

第二，普惠式互联网建设为探索乡村振兴机制提供了新思路

近年来，伴随网络扶贫、消费扶贫等概念的兴起，互联网的普惠性和减贫作用开始进入公众视野。借鉴普惠金融的概念，普惠互联网是指：能够广泛获得互联网服务且没有价格、非价格方面的障碍，能够为社会所有阶层和群体提供合理、便捷、安全的互联网服务的一种互联网体系。其核心要义在于包容性——对弱势群体的包容性和对偏远地区的包容性。不幸的是，即使互联网在技术特征方面具有普惠性的可能，但其自发性扩张仍然受限于既有的社会经济结构，边缘区域和群体往往面临更多障碍。互联网要实现普惠和减贫，就必须突破社会经济结构中已经存在的不平等格局。西藏充分发挥体制优势，将电商扶贫作为一项政治任务，将扶贫理念和扶贫导向贯穿综合示范工作全过程，在资金统筹分配、绩效目标设定等方面向扶贫倾斜。在项目建设上，向已脱贫户和边缘户倾斜，提高了电商扶贫精准度。让农村电子商务从发展之初就具备了益贫的属性，为后续探索长效扶贫机制提供了新的思路。

第三，赋能农村电商激发西藏农村高质量发展的新动力

由于互联网的外部性，基础设施、公共服务、物流体系、人才制约等因素相互交织可能会强化原有差距，互联网扩张无法自动消解和跨越传统的组织成本、交易成本而实现对边缘地区和边缘群体的覆盖。从上述四个因素入手，西藏尝试多渠道赋能农村电商以激发农村高质量发展的新动力。首先，信息化基础设施建设向农村地区倾斜。2019 年，西藏乡镇的宽带覆盖率达到 100%，行政村宽带覆盖率、光纤通达率均达 98%；乡镇和行政村的 4G 网络覆盖率分别达到 100% 和 98%。其次，弥补城乡公共服务差距。建设自治区电子商务公共服务中心，畅通农畜产品进程公共服务体系和工业品下乡流通服务体系，推进各级电子商务公共服务信息互联互通。再次，构建“县 – 乡 – 村”三级物流共同配送体系，打通商品流通的“最后一公里”。全区已建成 3000 个农村综合信息服务站，覆盖全区 57% 的行政村，惠及 62% 的农牧民群众。最后，加强农牧区电子商务培训。依托创业孵化

中心，采取与职业学校合作等多种方式，普及电子商务知识。

第四，“互联网 + 数字技术”成为西藏农村电商发展的新亮点

西藏的农村电商不再局限于在互联网上销售商品，而是尝试将新的数字技术引入农牧业生产和流通领域。近年来，西藏农牧业的数字化转型稳步推进，青稞种植检测、设施农业数字化、家禽养殖业数字化等一批数字化项目开始试点。引入商品溯源体系，实现对各类产品从源头到终端的检测和追溯要求。作为全区第一批电子商务进农村综合示范县，班戈县建成电商质量追溯体系，目前已收录 30 余种产品的质量追溯二维码。同时，依托产业大数据促进产业融合，利用互联网平台推动闲置民居改造升级，加强藏乡田园景区景点物联网建设等，尝试“互联网 + 数字技术 + 农牧产品 + 旅游产品”的新模式，打造“农牧文旅融合”新样板。

第五，撬动多方电商资源共同构建西藏乡村振兴的新格局

坚持市场导向这一原则，鼓励多种市场主体开展电商扶贫，以有限的财政资金，撬动无限的社会资金投入，推动大型电商平台、第三方物流、邮政、互联网金融等各类企业广泛参与、公平竞争，共同构建西藏长效扶贫的新格局。2020 年 7 月，西藏自治区邮政分公司农村电商服务中心揭牌运营，全区邮政农村电商服务网点建设 776 处，地方扶贫馆已经覆盖全区 74 个县。2020 年 8 月，林芝市政府与京东、西北农林科技大学、大连理工大学合作，建设现代化、标准化、智能化的示范性京东农场，在特色农产品电商品牌塑造、智慧物流、数字农业等方面加强合作，西藏农村电商的发展重点逐渐从销售端上行至生产端。“大型电商平台 + 合作社 + 农户”的合作模式逐渐向上游深化，一方面为特色农产品与大市场的对接提供了广阔的渠道，另一方面助力农牧业供给端的转型升级，提高了农牧业生产效率和对市场风险的防御能力。

2019 年底，西藏宣布全区脱贫，提前完成脱贫攻坚任务。消除绝对贫困是惊人的历史性成就，但并不意味着减贫工作已完成，相对贫困仍将长

期存在。考虑到西藏的特殊性，边缘人群、弱势人群以及部分偏远地区的脱贫仍具有脆弱性和不确定性，如何夯实脱贫基础、确保精准脱贫与乡村振兴的有效衔接，是脱贫攻坚最终取得胜利的关键所在。赋能农村电商，构建长效扶贫机制，瞄准以相对贫困线为基准的底层人群，着眼于内生增长机制培育为主的持久发展，是西藏扶贫攻坚实践中摸索出的一条可行之路。

参考文献

[1]Machlup，F. The Production and Distribuiotn of Kowledge in the United States [M]. New Jesrey：Princeton University Press，1962.

[2]Porat，M. The Information Economy：Definition and Measurement [M]. Washington，D.C.：U.S. Department of Commerce，1977.

[3]Tapscott，D. The Digital Economy：Promise and Peril in the Age of Networked Intelligence [M]. New York：Mc Graw-Hill，1996.

[4]Negroponte，N. Being Digital[M]. New York：Random House，1996.

[5]ITIF.The 2014 State New Economy Index[M]. Washington，DC：ITIF，2014.

[6]OECD. Measuring the Digital Economy：A New Perspective[M]. Pairs：OECD Publishing，2014.

[7]Ahm ad，N，P. Schreyer. Measuring GDP in a Digitalised Economy[M]. Pairs：OECD Publishing，2016.

[8]OECD. OECD Digital Economy Outlook 2017[M]. Pairs：OECD Publishing，2017a.

[9]OECD. Measuring Digital Trade：Towards a Conceptual Framework[M]. Pairs：OECD Publishing，2017b.

[10]ABS.Australian National Accounts：Information and Communication Technology Satellite Account[R]. 2006.

[11]Brynjolfsson，E，J. H. Oh. The Attention Economy：Measuring the Value of Free Digital Services on the Internet[R].Thirty Third International

Conference on Information Systems，2012.

[12]Knickrehm，M，B. Berthon，and P. Daugherty. Digital Disruption: The Growth Multiplier [R]. AccentureStrategy Report，2016.

[13]Diewert，W E，and K. J. Fox. The Digital Economy，GDP and Consumer Welfare [R]. EMG Workshop UNSW，2016.

[14]Dean，D，S. Digrande，D. Field，and A. Lundmark. The Internet Economy in G20: The S4.2 Trillion Growth Opportunity[R]. The Boston Consulting Group（BCG）Report，2016.

[15]Brynjolfsson E，F.Eggers，A Gannamaneni. Using Massive Online Choice Experiments to Measure Changes in Well–Being[R]. NBER Working Paper，2017.

[16]Ojanpera S，and M. Graham. The Digital Knowledge Economy Index: Mapping Content Production[R]. Fifth IMF Statistical Forum–Measuring the Digital Economy，2017.

[17]Eurostat. Digital Economy & Society in the EU———A Browse Through Our Online World in Figures [R].Luxembourg: Eurostat，2017.

[18]Ahmad N，J Ribarsky，M Reinsdorf. Can Potential Mismeasurement of the Digital Economy Explain the Post–Crisis Slowdown in GDP and Productivity Growth[R]. OECD Statistics Working Paper，2017.

[19]Barefoot B，D Curtis，W. Jolliff et al. Defining and Measuring the Digital Economy[R]. BEA Working Paper，2018.

[20] 贺铿 . 信息产业和信息产业投入产出表的编制方法 [J]. 数量经济技术经济研究，1989，（2）：34–40.

[21] 王中华 . 信息产业投入产出表的编制及其模型应用 [J]. 中南财经大学学报，1989，（4）：57–60.

[22] 靖继鹏，王欣 . 信息产业结构和测度方法比较 [J]. 情报科学，

1993，（3）：7–16.

[23] 徐顽强 .“数字政府”与政府管理体制的变革 [J]. 科技进步与对策，2001（11）:25–27.

[24] 靖继鹏，马哲明 . 信息经济测度方法分析与评价 [J]. 情报科学，2003，（8）.

[25] 魏和清 . 关于知识测度理论与方法的思考 [J]. 当代财经，2005，（7）：120–123.

[26] 杨京英，闾海琪，杨红军，高析 . 信息化发展和国际比较 [J]. 统计研究，2005，（10）：23–26.

[27] 扎西达娃，米玛次仁 . 浅析 OPGW 光缆在西藏 110KV 送电线路上的应用 [J]. 西藏科技，2006，（02）48–49+57.

[28] 屈超，张美慧 . 国际 ICT 卫星账户的构建及对中国的启示 [J]. 统计研究，2015，（7）：74–80.

[29] 周伟洲 . 民国时期西藏地方社会经济研究 [J]. 西藏民族大学学报（哲学社会科学版），2016，37（02）1–16+153.

[30] 崔茝，李子 . 西藏建设卫星数字农家书屋的实践与思考 [J]. 西藏科技，2016，10:11–14.

[31] 高菲 . 西藏卫星应用进展 [J]. 卫星应用，2017，（02）45–48.

[32] 张美慧 . 国际新经济测度研究进展及对中国的借鉴 [J]. 经济学家，2017，（11）：47–55.

[33] 李国政 . 从传统到现代 : 制度变迁视野下的西藏民族手工业发展 [J]. 重庆文理学院学报（社会科学版），2018，37（02）134–140.

[34] 吴翌琳 . 国家数字竞争力指数构建与国际比较研究 [J]. 统计研究，2019，（11）：14–25.

[35] 向书坚，吴文君 . 中国数字经济卫星账户框架设计研究 [J]. 统计研究，2019，（10）：3–16.

[36] 梁兰 . 西藏自治区卫健委扎实推进“互联网 + 医疗服务”[J]. 现代养生，2019，（06）11–12.

[37] 雷明，袁旋宇，姚昕言 . 以产业扶贫促进深度贫困地区扶贫攻坚——基于西藏自治区 L 市调研 [J]. 贵州民族研究，2019，40（02）149–161.

[38] 张建伟，刘志伟，王发莉 . 西藏旅游发展：历史演进、政策变迁与经济增长 [J]. 西藏大学学报（社会科学版），2019，34（03）208–217+228.

[39] 续继，唐琦 . 数字经济与国民经济核算文献评述 [J]. 经济学动态，2019，（10）：117–131.

[40] 杨仲山，张美慧 . 数字经济卫星账户：国际经验及中国编制方案的设计 [J]. 统计研究，2019，（5）：16–30.

[41] 许宪春，关会娟，张钟文 . 新时代中国经济社会统计的创新与发展 [J]. 统计研究，2019a，（9）：3–17.

[42] 许宪春，任雪，常子豪 . 大数据与绿色发展 [J]. 中国工业经济，2019b，（4）：5–22.

[43] 梁兰 . 西藏自治区卫健委扎实推进“互联网 + 医疗服务”[J]. 现代养生，2019，（06）11–12.

[44] 珍措 . 浅论西藏自治区广播电视三网融合和 IPTV 现状及发展思考 [J]. 广播电视信息，2020，（05）62–63.

[45] 刘东升 . 边疆少数民族地区广播电视事业发展研究——基于对西藏阿里地区的调研 [J]. 西部广播电视，2020，16:18–21.

[46] 王若愚 .“互联网 +”背景下西藏民族手工业营销策略 [J]. 现代营销（信息版），2020，（03）237–238.

[47] 王福钊，周雁 . 藏语语音识别研究进展和展望 [J]. 计算机系统应用，2020，29（03）29–38.

[48] 李鹏，杨国栋 . 数字政府服务创新的影响因素与实现策略 [J]. 吉林大学社会科学学报，2021，61（06）:179–188+235.

[49] 张静 . 十大数字农业创新案例 [J]. 农业知识，2021（06）:39–40.

[50] 赵燕，郭朔宁 . 产业转型升级视角下西藏农牧民工转移就业能力提升的现状分析与实现路径 [J]. 西藏发展论坛，2021，（02）73–79.

[51] 何燕，张长耀，孙自保 . 西藏产业结构与就业结构协调发展研究 [J]. 西藏民族大学学报（哲学社会科学版），2021，42（02）112–117.

[52] 王珊珊 . 西藏旅游研究的现状、趋势与展望——基于 CiteSpace 可视化知识图谱分析（1990—2019 年）[J]. 边疆经济与文化，2021，（06）52–59.

[53] 郭仪，戎陆庆 . “一带一路”背景下西南城市群物流网络结构及经济效应 [J]. 城市问题，2022，（02）4–12.

[54] 小松崎清介，伊藤阳一，鬼木甫 . 信息化的由来及其经济含义 [M]. 北京：社会科学文献出版社，1994.

[55] 杨仲山 . 国民经济核算方法论纲 [M]. 北京：中国统计出版社，2002.

[56] 彭默然 . 西藏居民消费结构变动对产业结构升级的影响研究 [D]. 西藏大学，2020.

[57] 康杰 . 基于深度学习的端到端安多藏语语音识别系统设计 [D]. 青海师范大学，2021.

[58] 中国信息通信研究院 . 中国数字经济发展白皮书（2017 年）[R]. 2017.

[59] 中国信息通信研究院 . 中国数字经济发展与就业白皮书（2019 年）[R]. 2019.

[60] 格桑 . 西藏：强基础育产业促融合提质量 加快推进产业数字化发展 [N]. 中国电子报，2021–04–23（005）.

[61] 陈海 . 西藏自治区政协建言发展特色优势产业 [N]. 人民政协报，2008–10–20（A03）.

[62] 高婕，王薄 . 第二届西藏自治区发展咨询委员会在京召开专题研讨会 [N]. 西藏日报，2008-07-01（002）.

附　录

表　西藏自治区及中央政府出台的推进数字经济发展的重要文件

序号	标题	文号	发布机构	发布年份	索引号
1	西藏大力推进“互联网＋教育”全力发展数字教育		自治区人民政府办公厅	2020	000014349/2020-00129
2	文化和旅游部关于推动数字文化产业高质量发展的意见	文旅产业发〔2020〕78号	文化和旅游部	2020	
3	国务院办公厅关于印发国家政务信息化项目建设管理办法的通知	国办发〔2019〕57号	国务院办公厅	2020	000014349/2019-00146
4	工业和信息化部办公厅关于印发《中小企业数字化赋能专项行动方案》的通知	工信厅企业〔2020〕10号	工业和信息化部办公厅	2020	
5	工业和信息化部关于推动5G加快发展的通知	工信部通信〔2020〕49号	工业和信息化部	2020	
6	西藏自治区人民政府关于印发西藏自治区深化“互联网＋先进制造业”发展工业互联网实施方案的通知	藏政发〔2019〕9号	西藏自治区人民政府	2019	000014349/2019-00021
7	西藏自治区人民政府关于印发西藏自治区一体化在线政务服务平台建设实施方案的通知	藏政发〔2019〕7号	西藏自治区人民政府	2019	000014349/2019-00005
8	西藏自治区人民政府办公厅关于印发西藏自治区进一步扩大和升级信息消费持续释放内需潜力实施方案的通知	藏政办发〔2019〕58号	西藏自治区人民政府办公厅	2019	000014349/2019-00077
9	西藏自治区人民政府办公厅关于印发完善促进消费体制机制实施方案(2018-2020年)的通知	藏政办发〔2019〕6号	西藏自治区人民政府办公厅	2019	000014349/2019-00011

10	数字乡村发展战略纲要		中共中央办公厅、国务院办公厅	2019	
11	西藏自治区“十三五”时期信息化发展规划		西藏自治区发改委	2018	000014349/2018-00081
12	西藏自治区“十三五”时期产业发展总体规划		西藏自治区发改委	2018	000014349/2018-00032
13	西藏自治区人民政府办公厅关于进一步加快推进“互联网＋政务服务”工作的实施意见	藏政办发〔2018〕86号	自治区人民政府办公厅	2018	000014349/2018-00056
14	西藏自治区人民政府办公厅关于成立“互联网＋政务服务”工作综合推进协调小组办公室的通知	藏政办发明电〔2018〕1138号	西藏自治区人民政府办公厅	2018	000014349/2018-00039
15	西藏自治区深化“互联网＋政务服务”推进政务服务“一网、一门、一次”改革实施方案的通知	藏政办发〔2018〕78号	西藏自治区人民政府办公厅	2018	000014349/2018-00032
16	西藏自治区人民政府办公厅关于印发西藏自治区推进“互联网＋政务服务”实施方案的通知	藏政办发〔2017〕156号	自治区人民政府办公厅	2018	000014349/2018-00008
17	关于发展数字经济稳定并扩大就业的指导意见	发改就业〔2018〕1363号	发展改革委等	2018	
18	国务院办公厅关于印发进一步深化“互联网＋政务服务”推进政务服务“一网、一门、一次”改革实施方案的通知	国办发〔2018〕45号	国务院办公厅	2018	000014349/2018-00090
19	国务院办公厅关于促进“互联网＋医疗健康”发展的意见	国办发〔2018〕26号	国务院办公厅	2018	000014349/2018-00061
20	西藏自治区人民政府办公厅关于印发西藏自治区政务信息系统整合共享实施方案的通知	藏政办发〔2017〕155号	自治区人民政府办公厅	2017	000014349/2017-00039

21	西藏自治区人民政府关于加快推进实体经济发展的意见	藏政发〔2017〕53号	自治区人民政府	2017	000014349/2017–00011
22	国务院关于深化"互联网+先进制造业"发展工业互联网的指导意见		国务院	2017	000014349/2017–00206
23	西藏自治区人民政府办公厅关于进一步加强政府网站建设和管理的实施意见	藏政办发〔2016〕87号	自治区人民政府办公厅	2016	K3984687–7/2016–00394
24	国务院关于加快推进"互联网+政务服务"工作的指导意见	国发〔2016〕55号	国务院	2016	000014349/2016–00193
25	国务院关于深化制造业与互联网融合发展的指导意见	国发〔2016〕28号	国务院	2016	000014349/2016–00098
26	国务院关于印发"十三五"国家信息化规划的通知	国发〔2016〕73号	国务院	2016	000014349/2016–00257
27	国务院关于积极推进"互联网+"行动的指导意见	国发〔2015〕40号	国务院	2015	000014349/2015–00112
28	国务院关于印发促进大数据发展行动纲要的通知	国发〔2015〕50号	国务院	2015	000014349/2015–00145
29	关于成立自治区农村农业信息化示范省（自治区）建设领导小组的通知	藏政办发〔2013〕91号	自治区人民政府办公厅	2013	K3984687–7/2013–00195
30	国务院关于促进信息消费扩大内需的若干意见	国发〔2013〕32号	国务院	2013	000014349/2013–00101
31	转发自治区财政厅广电局关于加快推进我区有线广播电视数字化工作指导意见的通知	藏政办发〔2010〕91号	自治区人民政府办公厅	2010	000014349/2010–00212
32	国家信息化发展战略纲要		中共中央办公厅、国务院办公厅		
33	西藏自治区数字经济发展规划（2020–2025年）		自治区人民政府		

后　记

“西藏特色产业高质量发展研究（2021）”重大委托课题之子课题——《西藏高新数字产业高质量发展研究》，是由西藏民族大学财经学院承担的西藏文化传承发展省部共建协同创新中心（以下简称2011协同创新中心）重大委托课题的研究成果。为完成课题研究任务，课题组成员在学校科研处和2011协同创新中心的指导下，组建了科研团队，在负责人陈爱东院长和宋爽博士的带领下，多次深入西藏相关地市各单位开展调查研究，广泛收集文献资料，得到西藏经济信息厅、西藏财政厅、中国人民银行拉萨中心支行等单位大力支持，历时2年余，如今数易其稿，终于完成了报告的编写，在此深表感谢！

作为首次系统性研究西藏高新数字产业的研究报告，具有诸多开创性意义。一是总结和分析了西藏高新数字产业发展的现状及成就，揭示了西藏高新数字产业的意义和特征，提出了新时代高新数字经济产业的发展目标和路径，这对当前如何推动西藏数字经济高质量发展有较好的现实借鉴意义；二是课题的编写充分迎合了学校当前正在大力进行的学科专业优化，财经学院与时俱进，于2020年设立了“统计学”专业数字经济本科培养方向，并于2022年申报了“数字经济”本科专业，该报告的编写，非常有助于学校数字经济专业的建设，也为如何建设好数字经济本科专业打下了坚实基础；三是报告从某种程度上，填补了西藏数字经济研究领域的空白，可作为今后研究西藏数字经济的重要参考。

报告由陈爱东院长和“统计学”（数字经济方向）自治区“一流”专业负责人宋爽教授总负责、高级会计师唐静、财经学院研究生晁娟、麻晓萌、修凯、郝洪常、石丹莉、曹馨宇、张浩、郑斯宇、李佳颖、彭婧宇、李蕊、熊乙入等参与了报告的资料整理和编写，编写组对他们的辛勤付出深表感谢。报告能够最终完成并出版，也离不开 2011 协同创新中心对本书编写给予的大力支持和鼎力资助，特别感谢 2011 协同创新中心主任刘凯教授、副主任张传庆教授、毛阳海教授对报告撰写的悉心指导。

路漫漫兮，由于工作量大和时间仓促，加之编写组水平有限，书中难免出现纰漏之处，我们将继续对西藏高新数字产业进行跟踪研究，希望本书在有助于读者更加全面了解西藏高新数字产业发展状况同时，也敬请广大读者批评指正！

陈爱东

二〇二二年三月